Benedito Aurélio Martins de Lacerda

A TURMA DO ASFALTINHO

Lembraças de uma infância marcada pelo TOC

Porto de Idéias EDITORA

São Paulo, 2007

A Turma do Asfaltinho
Benedito Aurélio Martins de Lacerda

Editor
Sebastião Haroldo de Freitas Corrêa Porto

Revisora
Silvana Pereira de Oliveira

Capa
Cauê Porto

Projeto Gráfico
Flávio Leal

Diagramação
Feco Porto

Impressão
Imprensa da Fé

Dados Internacionais de Catalogação na Publicação (CIP)
(Câmara Brasileira do Livro, SP, Brasil)

Lacerda, Benedito Aurélio Martins de
A Turma do Asfaltinho / Benedito Aurélio Martins de Lacerda. -- São Paulo : Porto de Idéias, 2007.
1. Lacerda, Benedito Aurélio Martins de
2. Pacientes de transtorno obsessivo-compulsivo - Biografia I. Título.
CDD-616.85227092
07-8909 NLM-WM 176

Índices para catálogo sistemático:
1. Transtorno obsessivo-compulsivo : Portadores : Autobiografia 616.85227092

ISBN 978-85-60434-12-1

Rua Pirapora, 287 – Vila Mariana
São Paulo – SP – 04008.060
(11) 3884-5024
portodeideias@portodeideias.com.br
www.portodeideias.com.br

Nota do Editor

O TOC é um transtorno mental incluído pelo Manual Diagnóstico e Estatístico de Transtornos Mentais da Associação Psiquiátrica Americana (DSM-IV) entre os chamados transtornos de ansiedade. Manifesta-se sob a forma de alterações do comportamento (rituais ou compulsões, repetições, evitações), dos pensamentos (obsessões como dúvidas, preocupações excessivas) e das emoções (medo, desconforto, aflição, culpa, depressão). Sua característica principal é a presença de obsessões: pensamentos, imagens ou impulsos que invadem a mente e que são acompanhados de ansiedade ou desconforto, e das compulsões ou rituais: comportamentos ou atos mentais voluntários e repetitivos, realizados para reduzir a aflição que acompanha as obsessões. Dentre as obsessões mais comuns estão a preocupação excessiva com limpeza (obsessão), que é seguida de lavagens repetidas (compulsão). Um outro exemplo são as dúvidas (obsessão), que são seguidas de verificações (compulsão).

Fonte: http://www.ufrgs.br/toc/oque_toc.htm acesso em 17 de outubro de 2007.

Agradecimentos

Minha Família

José Delgado e Família (conhecimento recente, amizade eterna)

Débora Cristina da Silva Ozório (minha secretária)

Prefácio

Esta narrativa refere-se a fatos vividos, observados e ouvidos por uma criança que desde tenra idade sentiu os efeitos de uma entidade psicopatológica que o afligia.

Apesar de saber deste distúrbio, embora no princípio não o compreendesse, não tinha motivos para desistir de sua felicidade e de seus ideais.

Talvez o seu medo fosse não entender até onde aquilo poderia levá-lo e por isso quis absorver ao máximo a alegria de cada momento, vivendo-o intensamente, procurando dentro do possível estar sempre compartilhando esse estado de graça com os outros ou ajudando o próximo.

O ápice deste sentimento, e que marcou sua conduta vida afora, foi no convívio com um grupo de garotos que fortuitamente veio a ser conhecido como a "Turma do Asfaltinho".

Não que os momentos anteriores a este não foram importantes e nem tampouco os que se sucederam a esta época, mas a linha do tempo foi mais acentuada neste período em que tantas aventuras, acontecimentos e histórias se acumularam de forma pitoresca e incomum.

Realmente todos os sentidos foram estimulados, mas o gosto destas passagens impregnando a memória, que foi experimentado lá, se faz sentir ainda hoje, após muitos anos e de uma forma muito íntima. Há horas em que aflora com alegria, mas, às vezes, se manifesta em lampejos de tristeza. Provavelmente por esta razão este menino nutria tanto receio em avançar no tempo, em crescer.

Percorridos tantos anos ainda continuo com esta entidade obsessivo compulsiva a me acompanhar e àqueles que prestarem atenção verão esta marca em cada frase escrita, em cada atitude, apesar de administrada até um certo limite.

Era janeiro de 1956, o dia estava nublado e chuvoso. Meu avô, capitão Plínio, houvera combinado que um táxi nos levaria de Guaranésia até a cidade de Passos. Estávamos ali na casa da vó Mulata, de passagem, vínhamos de Belo Horizonte onde residíamos, e aproveitamos para ficar por algumas semanas nesta cidade do sul do Estado de Minas Gerais. Desde então já era acometido de sonhos nos quais aparecia sempre uma mulher de branco que se aproximava sem nada dizer, mas que logo se distanciava por entre as nuvens de uma forma tranqüila, etérea. Acordava assustado e tinha receio de dormir novamente e, apesar da presença de minha mãe, nunca dava as costas para a porta, não ficava no escuro total e sempre dormia coberto até a cabeça. Éramos meus três irmãos, minha irmã, minha mãe e eu naquela viagem. Antonia, que desde criança morou conosco como irmã de criação, ficou em Belo Horizonte por opção, pois atingira a maioridade. Meu pai, radiotelegrafista da Real Aerovias, já se encontrava na cidade de São José do Rio Preto, nosso destino, como chefe da agência local. Junto com meus avós havia uma prima, cuja idade regulava com a minha, e a mãe dela, uma pessoa dócil, sofrida, muda de nascimento que fazia o serviço da casa e dormia num pequeno quarto que desembocava na cozinha, enquanto a sua menina dormia desde tenra idade com minha avó. Eram Marias, mãe e filha, Maria Muda e Maria da Graça. O pai, primo de minha mãe, havia sido criado por meus avós e por isso era considerado como um irmão de minha mãe, fazia referência aos meus avós como pais postiços. Era uma pessoa muito inteligente, mas num ímpeto instintivo não poupou a serviçal numa relação de paixão que culminou com o nascimento daquela criança numa situação notória e que foi ajeitada pelo tempo de forma lógica. Falava sete idiomas fluentemente e cursava a Faculdade de Direito do Largo de São Francisco, em São Paulo. Trazia consigo um olhar, às vezes triste, que me deixava a imaginar que carregava algo diferente em sua personalidade, o que futuramente iria convergir para um final trágico: a esquizofrenia e suas conseqüências.

Pegamos o avião na cidade de Passos e a aeronave fez um pouso em Lins, onde chegamos, equivocadamente, a descer achando que havíamos alcançado nosso destino. Eu nem imaginava que este lugar seria muito importante, num futuro muito próximo, em minha vida, deixando uma marca profunda em meu interior e que seria a ponte do consciente para o vazio revelado no sonho que me acompanhava. Sanado o equívoco, voltamos para o avião e finalmente seguimos viagem até o nosso destino, ou seja, a cidade de São José do Rio Preto. Era tudo muito estranho ao chegarmos, a primeira impressão do lugar não foi boa. O dia se apresentava também com o céu encoberto e a paisagem do local ermo dava mostras de que houvera chovido, entristecendo a tarde e causando má impressão na recepção. O prédio onde funcionava o setor de embarque e desembarque era bem acanhado, o local parecia retirado e perto havia um esboço de alguma construção que décadas depois seria o Hospital de Base da Faculdade de Medicina. Meu pai nos aguardava no terminal de desembarque de passageiros. Minha mãe não estava nada satisfeita com o que via, o que se fazia notar em sua inquietação e expressão. Ela não desejava ter saído de Belo Horizonte e começar nova vida em outro lugar, aliás, o que ao longo dos anos notei ser uma marca em sua personalidade.

Fomos para o nosso novo lar com o grupo dividida em dois carros. Saindo daquela área periférica e ganhando um bom espaço à frente, adentramos na cidade. Chegamos à Rua Prudente de Moraes, no Bairro da Boa Vista e logo estávamos na nova moradia. Na frente havia dois salões e pelo lado, passando por um corredor estreito, ficava, nos fundos, a casa bem humilde com dois quartos, sala, cozinha e um banheiro fora. Não havia forro e vez ou outra havia o corre-corre pela presença de um ou outro morcego a aterrorizar-nos. O quintal fazia divisa com o do vizinho através de uma cerca de arame pregado em algumas estacas de madeira, ali cresciam alguns arbustos e outras plantas comuns na região como o melão de São Caetano. Diante da decepção de minha mãe, não só com a cidade, mas também com a casa que iríamos morar, não saberíamos por quanto tempo, meu pai tentava amenizar dizendo que mudaríamos assim que outra melhor e maior fosse localizada porque era meta da companhia. Realmente meu pai procurava por uma residência que nos coubesse e também à estação de rádio da Real Aerovias. Numa dessas procuras conheci um corretor em seu pleno nascimento: freqüentemente perguntando sobre casas grandes e vagas que poderiam abrigar também a famosa companhia, um dia, um sujeito disse que sabia, mas queria uma quantia em dinheiro para dar a informação. Tal qual um delegado, antes qualquer um, a profissão foi ganhando espaço e passou a ter a importância que outrora não tinha. O delegado passou a ter obrigatoriedade do bacharelado e o corretor a obrigatoriedade do CRECI encaminhando para uma possível necessidade de um curso superior de Direito. Dizia meu velho avô que havia rábulas com infinita competência sobre advogados que haviam cursado uma Faculdade e mal faziam uma petição.

O que me causava muita estranheza era o bater das horas no sino de uma igreja que ficava por perto. Era a igreja Basílica de Nossa Senhora da Conceição de Aparecida, outro local que marcaria de forma profunda minha história. À noite tínhamos a incômoda presença dos morcegos que habitavam o telhado e, no banheiro do lado de fora da casa, coladas ao chão, as lesmas. As ruas eram revestidas com paralelepípedos e as calçadas me pareciam maiores que as de hoje. O centro da cidade ficava limitado abaixo pelo córrego Borá demarcando fronteira com o Bairro Boa Vista, perto de casa, e pelo córrego Canela, que corria paralelo ao outro limitando também o Bairro Santa Cruz. Ambos iriam desaguar no Rio Preto, correndo perpendicular, e tudo a céu aberto com algumas pontes a unir estas áreas. Na praça que ficava em frente à Catedral de São José havia um relógio no chão que marcava o mês e o ano. Ali ficava o ponto de partida dos ônibus que circulavam na cidade e, em frente, o centro de saúde, onde todo início de ano os estudantes faziam regularmente RX de tórax e tomavam vacinas, requisitos para a matrícula. A agência da Real Aerovias, cujo mascote era um corcunda, ficava na Rua Silva Jardim, já no centro comercial.

Fui matriculado no Grupo Escolar Professor Ezequiel Ramos, que ficava aproximadamente a sete quadras de casa. Sentávamos em duplas nas carteiras e, junto com as canetas, levávamos um tinteiro para molhar e escrever, invariavelmente ficávamos borrados de tinta. Minha primeira professora era carinhosamente chamada por todos de dona Dadá. Na abertura de cada dia de aulas, entrávamos em fila e assim saíamos com o soar de um sino. As crianças mais pobres tinham direito à refeição diariamente no almoço, que variava o cardápio na semana. Porém, antes do sinal da saída, passava uma senhora carregando uma caixa com fichas e quem quisesse comprar poderia comer também. Raramente fazia alguma refeição lá, mas até hoje me lembro que era muito saborosa, principalmente a sopa de fubá. Atraíam-nos mais o sorveteiro e o vendedor de "martelinho" que ficavam lá fora. Desavenças externas entre alunos sempre havia e eu sempre procurava distância destes problemas. Entre esses meninos, a palavra dominante e característica para chamar à briga era "cartear". Tínhamos o caderno de caligrafia, o de aritmética, outro para outros assuntos e o livro. A cartilha do bê-á-bá chamava "Caminho Suave". Nesta fiquei até a terceira série, passando ainda pelas classes das professoras dona Amenaide e dona Vera. Para o quarto ano do curso primário, minha mãe transferiu-me para o Instituto de Educação Monsenhor Gonçalves, na classe do período da tarde.

Foi neste ano, 1959, que ganhei o primeiro lugar num concurso de redação realizado na cidade. Falava de meu futuro como médico e político, talvez inspirado em JK, com quem tive contato em Belo Horizonte, e já então arriscava meus palpites políticos. A professora possuía uma certa expressão de tristeza no rosto e, tempos depois, entendi o porquê, era voz corrente os maus tratos do marido, que foi assassinado a tiros pelo irmão dela. Sua filha estava em minha classe e era amiga de uma garota, muito inteligente, pela qual eu nutria certa simpatia, mas nada além disso. A primeira garota que me despertou interesse, mas bastante escondido dentro de mim, morava perto de nossa primeira casa. Ali conheci o Celso e o Luiz, em cuja casa havia grande amoreira na qual subíamos. Num certo dia, sentado no balanço, notei que havia algo diferente em mim, um comando inconsciente que me determinava certos rituais desagradáveis que eu obedecia sem saber o porquê e que me acompanharia toda a vida. Assim senti o primeiro desconforto desta entidade que iria, aos poucos, crescer dentro de minha personalidade.

Em 1957 mudamos para a Rua Tiradentes, n. 2157, pouco acima do cine Boa Vista, e não longe de onde inicialmente aportamos. Este local foi um marco em minha vida, ali experiências incomuns viriam a acontecer de várias formas. A casa já era bem maior e agasalhava a estação de Rádio da Real, trabalho do meu pai, e nossa moradia. Tudo isso foi novidade muito agradável para mim e creio que para todos. Era um grande movimento de pessoas, fatos e relatos apareciam com maior abundância. Alguns funcionários moravam num quartinho lá no fundo da casa, cada um dos filhos adotava uma árvore como sua, mas eu me identificava com todas e lá havia muitas. Sentia alegria no ar pela felicidade da família e pela maior comodidade que o local proporcionava.

Passei a me interessar por futebol. O América Futebol Clube havia ascendido à primeira divisão paulista, com uma música típica quando passava o carro anunciando algum jogo: "alô americano, agora podemos cantar...". Foi nesta época que se deu outro marco em minha vida, quando certo dia minha irmã Rosita, que estudava no colégio São Luiz, trouxe para casa um cachorro preto, ainda filhote, que passou a ser chamado de Rusti. Achou-o na ida para o colégio e conservou o animalzinho debaixo da carteira até a saída sem que ninguém desconfiasse. Virou um membro querido da família e juntos tivemos inúmeras aventuras, era a minha sombra. Foi duas vezes preso pela "carrocinha" e numa delas armou uma fuga espetacular; a mesma lei que proibia briga de galos se omitia perante a matança dos pobres animais. Quanto orgulho pela sua fuga!

Ao nosso lado residia um médico ginecologista, baixo, claro de olhos e cútis, pouco cabelo e sempre muito amável, cuja família era proprietária da casa que a Real alugara. Relacionou-se bem conosco, principalmente com o meu pai por ser adepto do rádio amador. Sua esposa, também baixa, de ascendência portuguesa, ar de seriedade, mas sem demonstrar superioridade, sempre fora carinhosa conosco. A filha, única, adolescente, estudava no colégio Santo André, restrito a garotas, que possuía uma fanfarra, é claro só de meninas, que quando desfilava gostávamos de seguir, principalmente pela evolução e graça da baliza. Ela e minha irmã se relacionavam amigavelmente. Foi nesta época que pela primeira vez vi um fusquinha, vermelho e com o vidro traseiro ovalado e pequeno, original alemão. Sempre que meu vizinho chegava com ele em sua casa era típico o soar das seis buzinadas curtas. Quando estávamos por perto corríamos para abrir-lhe o portão e ganhar embalagens de cigarros que na época era costume colecionar. Como ele sempre tinha marcas diferentes, ficávamos alerta na hora de sua chegada. Lembro-me, entre outros, de Negritos, Lincoln, Urca, Continental, Beverly, Everest, Nilo, Camel, Fulgor, Caporal e Elmo, que meu pai fumava.

Outro vizinho que marcou bem esta fase tinha o apelidado de "sócio". Juntamente com alguns funcionários da estação, e, às vezes, com meu irmão Roberto, iam às pescarias e caçadas. Lembro-me também de uma cantiga de letra curta e repetitiva em alusão a ele nas noitadas de uma farra salutar, após o sucesso de suas empreitadas: "Quem manda na mata é o sócio. O sócio é caçador. O sócio é caçador". Eu ouvia os relatos dos lugares que freqüentavam e que, diziam, desapareceriam pela mão do homem e em nome do progresso. Um exemplo era o "Ferrador", um estreitamento do Rio Grande, em que a água passava com todo vigor num turbilhão belo e ao mesmo tempo assustador. Atravessavam esta garganta da natureza um a um numa espécie de assento adaptado, que corria por um cabo de aço de lado a lado. O sócio tinha uma filha, também única, que chamava atenção de todos. Era bem extrovertida, seu nome era sussurrado pelos marmanjos aos quatro cantos após suspiros delirantes e no diminutivo. Às vezes, ela vinha na estação para conversar e tão logo saía os homens corriam para esfregar a mão na cadeira em que ela sentava ou cheirar o local impregnado pelo seu perfume e ainda aquecida pelo seu sentar. Também, esse era o nível máximo de euforia investido, talvez pelo seu namoro com um policial da cavalaria que morava por perto. Meu pai falava com todos e inclusive com ela sobre política nacional, internacional e filosofia. Sempre de tendência comunista e com um bom grau de conhecimentos gerais, ele mantinha altos diálogos, mesmo com aqueles que não comungavam da mesma ideologia. Ainda criança já prestava atenção em tudo isso e me cativava muito mais o sentimento político que os modelos políticos praticados no mundo. Captava os dados, formulava minha opinião e procurava não radicalizar.

Nesta época, da Nova Cap (Brasília), não manifestava opinião contrária ou favorável à mudança, mas saboreava a festa de inauguração que, embora distante, contagiava o país de ponta a ponta, e vivia a euforia com todos os tipos de opinião sobre o seu nascimento. Anos mais tarde senti em minha vida universitária que havia sido uma aventura cara demais para nós, com requintes de irresponsabilidade, mas, hoje, vejo que nas proporções devidas, realizamos um antigo sonho. Então parei de julgar e apreciar aquilo que tanta gente progressista, Oscar Niemeyer, Lúcio Costa, Burle Marx, colocou ali de seu trabalho e ideal, e o seu idealizador, então presidente que estava acabando o seu mandato e meu velho conhecido, Juscelino Kubitschek de Oliveira. Porém, a prática antiga da "colocação" achou ali um terreno propício para disseminar suas raízes como uma praga daninha que infesta um pasto. As Marias Candelárias, algumas tristes e outras indiferentes, longe de Copacabana, Corcovado, Urca e de todo o romantismo que o Rio de Janeiro propiciava, fixaram e proliferaram. Amigos nossos migraram para o planalto central com o tanque de combustível da alma cheio de esperança. Como dizia a música: "Brasília, a capital da esperança!"

Guardo lembranças materiais e emocionais deste fato. Foi a época do Candango, o jipe, do Aero Willis, dos Simcas, os quais carrego em minha memória pois em determinados momentos faziam parte de nossa frota particular e imaginária. Era quando brincávamos de escolher os carros que passavam pela rua e que não eram muitos, um meu, outro seu e assim por diante. Aliás dois automóveis marcaram-me para sempre, um era o rabo de peixe, que um amigo da família em Belo Horizonte nos levara para uma chácara, se não me falha a memória, perto da Pampulha; o outro, aquele em que o então governador de Minas, Juscelino Kubitschek de Oliveira, passava perto de casa e eu sempre o chamava do alto de uma sacada na pequenez dos meus cinco anos e ele cordialmente respondia com um aceno de mão, denominava-o carro do palácio. Apesar de me empolgar por isso em 1955, minha posição partidária já manifesta era de torcer pelo candidato Adhemar de Barros, que poucos anos depois viria a conhecer na casa de um alto político da esfera estadual por Rio Preto, que a construiu perto de onde fomos residir, ou seja, Rua Tiradentes com Rua Raul de Carvalho. Casualmente eu era o único paulista dos cinco filhos e achava-me na obrigação de defender a candidatura de um postulante conterrâneo à presidência da República.

O filho do tal político fazia parte da nossa turma, contrariando a sua mãe que não apreciava esse convívio. Exatamente por ali começou o progresso do chão negro impermeabilizando aquelas ruas de terra que tanto usufruímos para brincar. Talvez por coincidência, todo aquele progresso em termos de infra-estrutura, representado por carros enormes, máquinas, caminhões, montes de terra e buracos eram para nós um grande parque infantil. Por não sairmos deste pedaço da rua, da cidade, o primeiro a receber uma camada asfáltica, ficamos conhecidos como a "Turma do Asfaltinho". Termos como "liga" e "bate faião" eram correntes entre nós. "Liga" era uma palavra usada costumeiramente por nós como sinônimo de indivíduo ou sujeito estranho. "Bregueço" usávamos quando nos referíamos a alguma coisa material desconhecida. "Bate faião" era o termo usado para não comparecer às aulas do dia. "Botávamos banca" quando não íamos à escola para sairmos em bando de bicicleta ou quando modificávamos a maneira de andar com passos lentos e sutilmente deixando o corpo compassadamente cair de um lado para o outro com a camisa com alguns botões superiores abertos e as mangas dobradas. Momentos arriscados, mas que nunca terminaram em tragédia, eram aqueles em que corríamos atrás de caminhões para pegar a rabeira, dependurados por um bom espaço em suas carrocerias.

Usávamos um produto para cabelo chamado loção "glostora" e alguns aproveitavam para moldar um topete copiando a moda Elvis Presley. Muitos garotos que fizeram parte um dia de nossa roda se foram. Alguns pela distância geográfica, outros por distância maior e irreversível, faleceram. Lembro-me exatamente de cada um deles, da época e da maneira como se foram. Logo que nos mudamos para esta casa, lá por aquelas bandas novas, os primeiros com quem me enturmei foram o Nado, o seu irmão Luiz e o Chiquinho. Posteriormente vieram outros, Toninho, Cláudio, Jorge, Moncílio e Modesto, Zé Turco, Paulão, Italiano, Ninico, os irmãos Julião e Marcão, Masa, Toninho vovô, Icão, Bê, Nelsinho, etc. Nos nossos arredores havia um garoto com tendência homossexual. Seus pais, num misto de vergonha e tristeza, mas não de desprezo, impediam que se expusesse sem necessidade. Todos os anos, durante um período, eles viajavam, mas não sabíamos para onde. As línguas de plantão diziam que a família saía em busca de um lugar mágico, onde pudessem alcançar o arco-íris e a realização do desejo de que as maneiras do garoto se modificassem. O verdadeiro motivo da viagem permaneceu incógnito para nós, mas viemos a saber que anos depois, quando já não alimentavam mais esperança, neste sentido, este garoto sofreu um sério acidente e precisou de uma transfusão de sangue e, por ironia do destino, o único sangue disponível e compatível, e que viria a salvar a vida, foi o de um homossexual. Isso mostrou a estes pais que, enfim, encontraram o arco-íris, a compreensão, e a busca havia terminado, pois eles viram o quanto aquela criatura que mal entendia as suas tendências era importante para eles, independente de sua opção sexual. Passaram-se anos, gastaram muito, mas reencontraram o filho, agora as suas opções não importariam mais. Então passaram a viajar para partilharem do convívio familiar e para desfrutarem da felicidade e não mais atrás de um sonho absurdo. Assim esta história veio bater em nossos ouvidos. Para muitos é mais fácil alcançar o arco-íris do que atingir o degrau da ausência de preconceito.

Volta à lembrança também a história de um médico e de um empresário bem-sucedidos, mas com o estigma de serem negros. O médico que fixara residência e trabalhara na cidade, era alvo de falatório e de piadas por sua cor, e não era lembrado por seus atributos médico-intelectuais. O clube da elite, diziam, fazia restrições raciais em seu quadro associativo. O certo era que lá não se admitiam negros em hipótese alguma. Mesmo que fosse profissional liberal, empresário bem-sucedido, não fazia diferença, a segregação falava mais alto e agia com o mesmo rigor, embora de forma velada. Mas todos sabiam e comentavam que, certo dia, num momento de descontração e lazer, estando este médico em sua fina residência, foi interpelado por uma pessoa. Ao atender a campainha, dirigindo-se à pessoa perguntou o que o indivíduo desejava e de pronto ouviu do outro: "Negão, vá chamar o seu patrão". Esclarecida a situação, ficou para ambos um momento de grande constrangimento. Quiçá aquele sujeito tenha despertado para o ridículo e aprendido uma lição, que lhe serviu para refletir sobre ingenuidade e ignorância.

Já com um certo empresário do setor de transportes, corria à língua solta que um certo dia, viajando sozinho com seu magnífico carro, foi solicitado a parar na estrada por alguém que pedia carona. Cordialmente, talvez por estar só e em razão dos tempos serem outros, parou. O rapaz entrou agradecendo a gentileza. Avançaram estrada adiante numa conversa descontraída e seguiram os dois juntos até o momento de parar para abastecer. O empresário entrou num posto de gasolina à margem da rodovia e pediu para encher o tanque do magnífico automóvel. O frentista dirigiu-se ao carona, que era branco, e cobrou pelo combustível. O senhor empresário passou o dinheiro para o rapaz que havia pegado na estrada. Sendo uma nota de valor maior, ao vir com o troco, o frentista falou ao carona: "O senhor fica com o troco ou dou ao chofer?". Perturbado com o episódio, o senhor empresário, após ter perguntado ao moço se ele dirigia, e recebendo resposta afirmativa, passou-lhe a direção. O mesmo aceitou e o dono do carro teve o cuidado de sentar-se no banco de trás do automóvel, pensando, desta forma, estar colocando a realidade no devido lugar. Alguns quilômetros se passaram e houve a necessidade de outra parada em outro posto para novamente abastecer. Agora pareciam que as posições estavam bem definidas. O funcionário que veio atender foi logo se dirigindo ao motorista e num ímpeto de estranheza olhou para o banco de trás e exclamou: "De beira, heim negão folgado?". Então vem à mente aquele ditado: "Se correr o bicho pega, se ficar o bicho come".

O racismo, o segregacionismo, imperavam com todo vigor e de várias formas. Não era só em relação à cor da pele, mas também às condições econômicas e sexuais. O ginásio público estadual, com sua fama na época de escola disciplinadora, de altíssimo nível de ensino, era disputado pela elite social que ali procurava matricular seus filhos. No entanto, as vagas eram poucas diante da procura, o que criou a necessidade de um exame de admissão, que selecionaria os alunos mais aptos e bem preparados para cursá-lo. Imediatamente à adoção do exame de admissão, surgiram em toda parte cursos de admissão, via de regra, montados em algum espaço ocioso na residência de uma professora primária que dele se encarregava. Era um curso pago, muito bem pago. Poucas eram as famílias que podiam financiar este complemento de ensino para seus filhos. Geralmente o curso de admissão era freqüentado concomitantemente com a quarta série do grupo escolar, no horário contrário ao das aulas. Neste aspecto, da freqüência do curso preparatório, os filhos das famílias mais abonadas financeiramente disparavam na frente dos demais quanto às suas chances de serem aprovados no exame de admissão e ingressarem no ginásio. Havia, no entanto, as exceções, ou seja, aqueles que contrariando a "lógica", penetravam pela estreita fresta, alcançando o tão sonhado ginásio estadual. Por outro lado, aqueles alunos, filhos de famílias de posses financeiras, que mesmo assim não conseguiam aprovação no exame de admissão, seguiam suas vidas escolares nos colégios particulares. Mas a grande massa de alunos, de famílias humildes, barrados no exame de admissão, na sua grande maioria, encontravam aqui o fim de sua jornada escolar. Os colégios particulares, mesmo com vagas ociosas, permaneciam inacessíveis para estes alunos. Anos depois, fruto de um processo contínuo de sucateamento da escola pública, encontramos sob a responsabilidade do Estado uma escola bastante diferenciada, muito distante em termos de qualidade de ensino dos famosos ginásios estaduais, que tanto orgulho dava às famílias que ali tinham seus filhos. Nesta época, os nossos mestres, professores estaduais, eram pessoas bem colocadas na sociedade, que mereciam o respeito profissional e intelectual de todos. Atualmente este reconhecimento do professor praticamente desapareceu; muito embora a pompa de seu nome tenha avançado, primeiro, de professor para educador, depois, de educador para pedagogo. De qualquer forma, tanto naquela época como agora, o que prevalece é o mesmo poder econômico, que sempre encontra os melhores porque, na verdade, é ele que os traça.

Foi nos idos da segunda metade dos anos cinqüenta do século passado que se ergueu na nossa esquina predileta, Tiradentes com Raul de Carvalho, uma imponente residência em que iria morar a família do deputado, cujo filho, quando podia, enturmava-se conosco. O filho do deputado saía à rua para jogar bola ou tomar parte de outras brincadeiras conosco, mas freqüentemente sua mãe aparecia na frente da casa e aprontava uma verdadeira batalha com o filho. Muitas vezes suas broncas nos atingiam também, geralmente de forma constrangedora para uma mulher naquela posição. Era uma senhora escandalosa. O filho revidava com palavras nada agradáveis, que até nós mesmos não usávamos em nosso vocabulário corriqueiro. Mal sabia ela que o filho, talvez contaminado pela humildade da turma ou auto-afirmação perante nós, se envolveu num idílio às escondidas com uma garota, a Pepê, filha de uma lavadeira da redondeza, que possuía uma penca de filhos. Nenhum de nós, nem nos repentes de alguma confusão mais acirrada ou num gesto de intriga que pudesse ser estimulada por uma polêmica qualquer, ousava contar o caso, ou como dizíamos, enredar, pois, como já sabíamos, a corda arrebentaria para o lado mais fraco, o da garota; obviamente, seria prejudicada juntamente com sua família. Neste caso especial, no entanto, o que poderia se tornar um conto de fadas com o tradicional final feliz, não se deu, o tempo os apartou.

Um outro pequeno galanteador vindo de São Paulo fez parte de nosso convívio, e por pouco tempo, lá se fixou. Numa sessão de cinema pediu para uma menina que o deixasse sentar-se ao seu lado para aproveitar de sua companhia, mas ficou e deixou constrangida a menina quando enfiou a mão por debaixo de sua saia e notou que ela possuía uma perna-de-pau. Quando nos contou o acontecido, caiu em nossa indiferença. A casa do deputado era palco de grandes festas, onde mulheres bonitas desfilavam como se estivessem num pedestal, mas para nós, da Turma do Asfaltinho, tudo isto não passava de um pano de fundo para o espetáculo sincero e maravilhoso que era o nosso mundo. O deputado era advogado e sócio de um grande empresário na cidade que, entre os vários negócios, possuía uma empresa que intermediava a compra de algodão (sociedade algodoeira). A tara número um desse empresário era ser o primeiro homem de jovens garotas virgens, para não dizer crianças. Falava-se na época que pais pobres em dificuldade financeira, e que possuíam filhas com tais requisitos, procuravam-no e faziam a transação. Entre nós ele era conhecido como o "descabaçador". Ele era tão artista nesta questão que, era do conhecimento geral, numa das casas que mantinha moravam fraternamente três destas meninas. Provavelmente ali a harmonia reinava, pois as outras eram mantidas isoladas, e não só por questões financeiras, mas porque não se toleravam. O filho era alienado a isto e participava do seu mundo à parte. Fielmente, todos os dias, o marido depositava num determinado móvel da casa da matriz uma quantia em dinheiro para a "lanterna" número um, se pensarmos na cultura japonesa, ou seja, a titular e devota esposa das horas sociais e convenientes. Poderia ter sido político!!! Era rico, tinha lábia e sabia como disfarçar. Estes valores morais se colocavam, mesmo que disfarçados, acima do pensar, do ideal verdadeiro e humano. Anos mais tarde, dizem que ao tentar livrar-se de provas incriminatórias de sonegação fiscal, provocou em seu próprio estabelecimento um incêndio e não soube se livrar da situação, morrendo ali carbonizado. Alguns questionam até hoje se o corpo achado seria mesmo do empresário.

Também era voz corrente na cidade, e é claro que chegando até nós, que havia um profissional liberal bem conceituado, na cidade, que tinha presença permanente na Casa das Damas. Não tinha preconceito e lá esbanjava a sua energia e dinheiro em noitadas regadas a bebida, música e orgia. Acontece que em certo dia, o proeminente doutor transcendeu os limites e na cama do puteiro ficou na inércia da morte, com um semblante de paz e alegria, tendo talvez o final que pedira aos céus. Tentaram, mas não puderam abafar o caso. Já o deputado não variava na sua preferência. O seu caso era com uma das damas, casada com um empregado de confiança, mulher de aparência bonita, presença marcante, extrovertida, que conseqüentemente sabia relacionar-se. Alma boa, sem filhos, e talvez por isso não implicava com a presença da molecada ali na rua quando lá estava. A meninada estava sempre ligada e sabendo das ações extras e escondidas da dupla de amantes, quase sempre a quilômetros dali, na agitação de camuflagem quase desapercebida da atmosfera da paulicéia diluidora de casos. Também não precisávamos assediar uma outra figura folclórica da época, um jornaleiro que sempre por ali passava com uma espécie de mochila vendendo os jornais do dia, mas em cuja cabeça circulava uma gama de notícias que transcendia as páginas do informativo. Quando ele acumulava uma certa quantidade de diários ultrapassados em seu poder, ia para a estação ferroviária e ali, enquanto o trem ficava parado, vendia estes jornais já desatualizados para os passageiros, que em poucos minutos não teriam como reclamar.

Nós algumas vezes íamos para a estação central, embarcávamos sem pagar, descíamos na estação seguinte chamada Rio Preto Paulista e presenciávamos estas cenas e a paisagem, por alguns instantes, da periferia bruta, mas bela. Neste curto percurso não dava tempo de o bilheteiro passar e nós desfrutávamos de alguns minutos de viagem gratuita e agradável. Era o comboio que vinha de São Paulo, à tarde, para o fundo do Estado, o chamado sertão paulista. Mas, estávamos sempre bem informados em relação aos acontecimentos da cidade, principalmente aqueles de nosso pedaço, o asfaltinho.

A dama educada, em questão, apesar da forte amizade com a esposa do deputado, mantinha aquele estreitíssimo relacionamento amoroso com o mesmo, e seus encontros, via de regra, eram em São Paulo, onde permaneciam boa parte do tempo. Enquanto ele ficava na Assembléia, sua esposa permanecia em Rio Preto. O deputado estadual circulava pelas altas esferas sociais e requintadas casas da capital. O carro da Assembléia com motorista particular ficava à disposição da outra, por conta da "casa". As grandes lojas não questionavam os seus pedidos (aqui refere-se também às compras da outra), pois sabiam que realmente seriam pagas, os hotéis e os restaurantes eram os melhores. Enquanto isso, a titular em Rio Preto não saía de sua costumeira vida de aparências e neuroses da rotina.

Lembro-me perfeitamente que uma vez o meu grande amigo de aventuras mil, meu fiel escudeiro, o cachorro Rusti, que não era tão beligerante assim, abriu um pequeno espaço entre duas tábuas do muro principal de nossa casa, metendo ali seu focinho, à vista dos transeuntes. Neste dia, pela calçada, caminhava doce, e com o pensamento no infinito, a filha do deputado, na inocência da ausência mental do que ocorria ao seu redor. O nosso cão não chegou a pegá-la, foi só um susto do latido, mas a mãe em alguns minutos apareceu em frente de casa para armar um desagradável falatório. Dessa vez quem saiu em defesa de meu amigo foi minha irmã Rosita, que segurou o ímpeto da dama e rechaçou-a, pois afinal de contas não houve conseqüências desastrosas. Talvez o susto do Rusti tenha sido maior que o da menina, diante do tamanho escarcéu da nobre senhora, mas mesmo assim não arredou pé, permanecendo em posição de guarda. A outra filha do deputado, abaixo desta, anos mais tarde, conforme informações, tornou-se muito bela. Tão bela que conquistou o coração de um goleiro palmeirense que freqüentava sempre a cidade e que se tornaria poucos anos depois uma das "feras" do Saldanha na seleção brasileira. E olha que era fera até no nome. Vinha à cidade com outro jogador, avante polêmico, carioca, que fez história nesse time. Os encontros da bela e a fera eram no apartamento da dita senhora, amiga da família do deputado, e diga-se de passagem, uma terna pessoa que zelava pelos finais felizes. Mas como naqueles tempos, radialista e quem sentava praça, ou seja, soldado e jogador de futebol, não eram bem vistos pela hipócrita sociedade que apenas os exploravam, o romance não foi adiante.

Já havíamos tido outro caso semelhante que chegou a um final trágico e ceifou a vida de um jovem atleta do futebol com imenso potencial, que havia sido o intrépido e leal marcador de Pelé numa noite de vitória do América sobre o Santos. Um romance não aprovado que terminou com a vida de um ser, mas não acabou com um sentimento que, ao invés de ter dado frutos de tristeza, poderia dar sementes de alegria. Porém nenhuma tragédia marcou tanto uma cidade como aquela de vinte e quatro de agosto de 1960. Um dos rapazes telegrafistas da Real Aerovias, que trabalhava em casa, ouvia o rádio em seu quarto, e eu escutei quando o noticiário interrompeu a transmissão para anunciar a queda de um ônibus no rio Turvo, no começo da noite, quando ia de Rio Preto para Barretos. O ônibus estava repleto de jovens estudantes que iriam tocar pela fanfarra do colégio Dom Pedro II. Foram cinqüenta e nove rapazes mortos brutalmente naquele acidente. Sabe-se da época, que a mãe de um deles, que não residia na cidade, mas em outro Estado, caiu fulminada quando recebeu a notícia da morte do filho. O prefeito Philadelfo Gouveio Neto decretou luto oficial na cidade e a notícia comoveu toda a nação. A igreja central de São José do Rio Preto, Catedral de São José, ficou com a área de entrada tomada pela enorme quantidade de caixões para a missa de corpo presente. Já a missa de sétimo dia foi realizada no estádio Mário Alves Mendonça para poder abrigar tanta gente de uma cidade que chorava enlutada pela perda das jovens vidas. Somente quatro jovens estudantes e o motorista se salvaram. A comoção foi total e ainda hoje creio que, para sempre na existência da cidade de São José do Rio Preto, a via, em cujo prolongamento fica o aeroporto e segue para o distrito industrial e Instituto Penal Agrícola, se chamará Avenida dos Estudantes.

Seguindo esta mesma linha, outro momento trágico na vida da cidade foi a morte, em 1959, do prefeito e ex-deputado estadual Alberto Andaló, que deixou saudades na população, sendo homenageado em uma das principais vias de acesso da cidade. Nos breves dois anos de mandato como deputado, seu trabalho legislativo beneficiou em muito São José do Rio Preto e região. Trouxe para nosso cidade a Escola Modelo de Agricultura e a Penitenciária Agrícola, o aeroporto, os empréstimos para obras no setor de águas e esgotos, a pavimentação de rodovias como a que ligava São José do Rio Preto à Araraquara, o trecho Rio Preto-Mirassol, cursos práticos de ensino profissional, Hospital Regional, Instituto Adolfo Lutz, posto agro-médico/social, posto de expurgo de sementes de algodão, grupos escolares e a construção da Caixa Econômica Estadual. Além das verbas obtidas e distribuídas para a Santa Casa local, abrigo de tuberculose e Hospital Bezerra de Menezes, Círculo Operário, casa dos cegos trabalhadores e asilo São Vicente de Paulo, dava andamento a projetos para criação de uma Faculdade de Ciências Econômicas, Conservatório Dramático e Musical, transformação da Escola Normal em Instituto da Educação, construção de rodovias federais interligando nossa região a Minas Gerais (Frutal) e Goiás. Havia ainda inúmeros projetos para cidades circunvizinhas, o Fundo Rodoviário, reforma da constituição e a idéia de consórcios intermunicipais, que abordava já neste princípio de década de 50 o problema dos menores abandonados. Nesta época, já entrando nos anos 60, quando os carnavais tinham composições de carnavalescos locais, havia uma marchinha com letra em homenagem a este homem público.

Pulando de tristezas extremas para alegrias... lembramos dos carnavais locais. A Rua Bernardino de Campos se transformava em via dupla para os automóveis e ali se concentrava a população. Nela desfilavam as escolas de samba, entre as quais estava a "Gato Verde" que também emprestava o nome a uma gafieira, o "Grupo–X" e o "Céu Azul" e que logo agregaria nos desfiles a escola de samba organizada pelos garotos vizinhos do Bairro da Esplanada e batizada como "Águia Negra". Havia confete, serpentina e o lança-perfume, lançados numa troca de alegrias, no confronto dos carros que iam e os que voltavam, no conhecido corso. Em virtude desse grupo de garotos sambistas, que também nos momentos livres batiam a sua bola, contar com dois irmãos japoneses, vinha a teoria de meu amigo oriental Masa: "A premissa de que japonês não samba e nem sabe jogar futebol é falsa, pois aí está na "Aguia Negra", o exemplo de dois 'japas' que derrubam esse tabu".

Surge pela primeira vez a figura de uma pessoa humilde, nosso conhecido, solitário, mas com grau diferenciado de sabedoria. Era um sapateiro do nosso pedaço chamado Silvano. Dizia que as leis não são, via de regra, estruturadas no bom senso. "O legal não é necessariamente o racional". A história do lança-perfume é emblemática neste sentido, pois no intervalo de uns anos passou de substância legal à proscrita, fora da lei. Não defendendo os efeitos da substância, mas nada impediria que, de repente, novamente, a mesma voltasse a ser legalizada por nossas autoridades. Outro exemplo vinha da América do Norte, com a lei seca: "Como a humanidade pode ser tão contraditória em tão pouco espaço de tempo. Isso não levando em conta a hipocrisia". O Silvano, sapateiro, magro, barba rala e nariz grande, adunco, gostava de pitar o seu cigarro Fulgor e, enquanto trabalhava, filosofava vestindo uma calça velha, surrada, botas e uma camiseta branca cavada. Se pudesse rotulá-lo diria que era um anarco-socialista. E como toda pessoa de bom senso, que pensava e expressava suas idéias, precisou fugir do "golpe" de 64. Viria a encontrá-lo anos e anos após o seu desaparecimento e pela última vez, enquanto a restrição política continuava e eu já era universitário, quando conseguiu nos localizar e passou uma tarde conosco. Enaltecia o respeito às culturas, ao pensamento alheio, à liberdade de expressão, enfim não era o poço das virtudes, mas causava inveja por saber administrar também os seus defeitos. Trabalhava ao lado de nossa casa, numa garagem alugada e lembro-me de uma vez quase ter ateado fogo no local, quando brincava com fósforo e papel no telhado. Fui rápido e consegui não deixar tamanho estrago acontecer, pois com certeza alguma punição eu sofreria.

Eu vivia em cima de algo, nas alturas. Hora na árvore em frente de casa, hora nos muros, hora no telhado da garagem do fundo ou nas árvores frutíferas que lá havia e até nos batentes das portas. Talvez a minha preferida fosse a goiabeira do fundo de casa. Quando frutificava, colhíamos baldes e baldes numa festa ímpar para a criançada que culminava com os doces que minha mãe fazia. Foi na segunda metade dos anos cinqüenta que a PRB-8 rádio Rio Preto com grandes locutores, potente, imponente, auditório grande, inaugurava o seu prédio, tendo ao lado, como uma irmã mais velha e acanhada, a rádio cultura. Na inauguração das novas instalações desse importante meio de comunicação rio-pretense foi anunciada, nada mais, nada menos que as presenças da pop star nacional Cely Campello, de seu irmão Tony Campello e do cantor Agnaldo Rayol. A expectativa era grande na cidade e entre a da molecada daquele pedaço. Como conseguiríamos entrar? Convidados, nunca! Cada qual buscava sua solução para entrar e os mais conformados se satisfaziam em engrossar a massa do pelotão que congestionava a entrada principal. Enfim a grande noite de gala chegou e para lá nos deslocamos. A rua estava repleta de gente e era óbvio que poucos dali conseguiriam entrar.

Era para nós uma espécie de entrega do "Oscar" e acontecia dentro de nosso território. A determinação era permitir apenas os convidados, os penetras, de preferência a Turma do Asfaltinho, estavam impedidos de entrar nas dependências do novo prédio. Parece que todos os olhos convergiam para nós naquela aglomeração de pessoas diante da entrada principal. Eu, como sempre, contrariei a natureza, saí da multidão e segui para o muro lateral da vizinha rádio cultura que nesse momento, esquecida, estava às escuras. Sabia que ganhando o seu interior não haveria obstáculo até o local da festa, indo pelos fundos. Assim foi feito, encontrando apenas resistências perfeitamente transponíveis diante do vigor e determinação de um adolescente naquela fase.

Foi uma moleza e ainda bem que somente eu tive tal idéia, pois do contrário chamaria a atenção da segurança que, preocupada com a frente, esquecia os flancos e o fundo. Cheguei ao corredor lateral do auditório que me colocaria na platéia, mas não me contentei com a proeza e seguindo para os fundos por ali adentrei, caindo exatamente dentro do camarim da cantora que nesse instante não estava a sós, mas com outras mulheres. Nisso eu já havia aberto a porta e dado alguns passos para o seu interior. Lembro-me da figura dela recostada numa mesa, sapato preto de salto alto e com uma das pernas ligeiramente inclinada. Ao ver que ela olhou para mim e deu um lindo sorriso, quase desmontei. Mas a timidez naquele instante tomou conta de mim: virei rápido e saí daquele local tão ligeiro como eu entrei. Senti que não haveria restrição dela em minha presença ali, mas não fiquei. Interessante é que nos folhetos de propaganda e jornais, ela não me parecia tão bonita quanto pessoalmente. Voltei para fora, onde permaneci e preferi, anonimamente, ver o espetáculo pela porta lateral escondido no corredor. Ao final do show imaginei que eles não enfrentariam a multidão aglomerada na porta de entrada para deixar o local. E queria me aproximar novamente. Fui no portão debaixo e o tiro foi certeiro. Lá vinha ela, Cely Campello, com os outros dois cantores Tony Campello e Agnaldo Rayol, escoltados pelos integrantes da emissora. Novamente ela me viu e percebi com toda felicidade que me reconheceu dos poucos segundos que estivemos a alguns passos de distância. Aproximei-me, agora vencendo a timidez, e ela num gesto carinhoso piscou-me um olho e acariciou-me nos cabelos quando chegamos mais perto um do outro. Logo entrou no carro com os outros e me disse ao sair: "Tchau, brotinho!". Não posso dizer que aquilo foi de minha parte uma paixão, mas um momento de imensa felicidade, entendida como uma graça por tal pessoa dirigir-se a mim com tanto calor humano. Com este simples acontecimento, minha alma expandiu-se em humildade e humanidade.

Falava-se que um certo locutor, moço, de ótima aparência, um galã da comunidade, chegou a namorá-la, bem como a outras famosas que por lá aportavam. Em uma festa de aniversário de nossos vizinhos, o locutor galã compareceu acompanhado de uma cantora da época, também jovem e bela; outras festas e ocasiões lhe deram a fama de conquistador de celebridades. Ele comandava aos domingos pela manhã, no auditório da rádio Rio Preto, um programa chamado "O Clube da Cirandinha", que embora voltado para a criançada, não impedia o comparecimento dos adultos. Era um programa de variedades, calouros, apresentação de jovens revelações da música, brincadeiras e prêmios, que preenchia as manhãs de todos os domingos e tinha grande audiência. Este festival de variedades radiofônicas e gincanas nascera no prédio antigo da Rádio Rio Preto, onde funcionara a Rádio Cultura, e com o novo auditório tomou proporções maiores. Eu estava quase sempre lá como expectador e, às vezes, participando nas adivinhações e ganhando prêmios, pois na época a sorte estava mais ao meu lado e era freqüentemente contemplado.

Sempre me considerei muito feliz com a família que possuía, com a vida, com os amigos à minha volta e sempre passava pela minha mente que não trocaria aquilo tudo por nada, nem mesmo por morar com a rainha da Inglaterra, no seu castelo. No íntimo não desejava crescer, ao contrário dos outros garotos, não me atraía chegar logo aos dezoito anos, ali estava ótimo, na medida exata. Parecia que aquela linha etária demarcatória, que não desejava transpor, uma vez rompida me carregaria para um mundo mais complicado. Por isso, o filme predileto de toda minha vida, até hoje, é o desenho animado de Walt Disney, Peter Pan. Na seqüência áurea desta fase, dedicada à comunicação, vi inúmeros artistas em nossa cidade e compartilhei com eles minutos que mais pareciam horas nas suas presenças. Depois, com o passar do tempo, fomos nos especializando e descobrindo outra forma de adentrar aos shows no auditório da rádio. A urna que recebia os bilhetes, sempre iguais e nunca rasgados, na entre safra das noites de gala, ficava num canto do auditório comumente deserto. Entrávamos lá, pegávamos os bilhetes e participávamos do show entrando pela porta da frente, orgulhosos, garbosos, imponentes e na altura dos outros freqüentadores. Não tínhamos calças, sapatos e camisas à altura ou tão a caráter, mas tínhamos a força da juventude e alegria na alma. Havia colegas que iam de short e chinelos de dedo, mas isso não contava, éramos uma enorme família, a Turma do Asfaltinho.

Eu sempre gostei muito de comunicação, rádio principalmente, revistas e livros, e constantemente lia o Cruzeiro e Manchete, entre outras revistas como Filmelândia e Cinelândia, que minha irmã sempre comprava. O cinema merecia uma atenção especial, pois além da freqüência assídua à sala de projeção, procurava ler tudo que chegasse às mãos, viajando pelo mundo da sétima arte. Gostava dos contos de Monteiro Lobato. Lembro-me de um livro chamado "As Aventuras de Hans Staden", que ganhei de meu tio João que faleceu num acidente aéreo da Vasp, numa infeliz troca de serviço com um colega. É assim o destino, e meu pai sempre o aconselhando a permanecer mais no serviço em terra. Este livro, com todo orgulho e desprendimento, doei à biblioteca do Instituto de Educação Monsenhor Gonçalves, cravando antes do próprio pulso, com aquela letra horrível que abominava, uma dedicatória à escola. Será que ainda lá está? E os quadros pintados pelos meus irmãos Hélio e Roberto, que emolduravam junto de outros as salas de aulas, onde estarão?

Como dizia, nunca gostei de minha letra, mas ficava intrigado quando a professora, dona Cléia, esposa do professor Amauri e mãe de um jovem colunista social, a elogiava nas aulas preparatórias ao exame de admissão, que freqüentei temporariamente com uma turma de garotos na sua casa na Rua Jorge Tibiriçá. O jovem colunista social começava neste período a sua trajetória ascendente nos meios de comunicação local. Lembro-me de suas colunas nos jornais Folha de Rio Preto, Diário da Região e Correio Araraquarense. Nesta época, começava a ascender também o radialista J. Havila.

Eu, criança, cheguei a trocar revistas com ele, cujo pai trabalhava como alfaiate perto de onde morávamos. J. Havila depois trabalharia em rádios da cidade de São Paulo, sempre em programas esportivos. Tudo era motivo de orgulho para nós de São José do Rio Preto e da Turma do Asfaltinho. Quando chegava de viagem, e ao longe enxergava as luzes da cidade, nada trazia mais felicidade que aquela visão. Viajávamos muito nas férias, eu, minha mãe, o meu irmão mais novo, Marco Antônio, e minha irmã. Íamos visitar os meus avós em Guaranésia, no sul de Minas Gerais. Já não gostava muito deste passeio, pois aconteciam na época das férias escolares, tempo precioso que poderia estar passando com minha turma. Mas hoje vejo o quão importante isso foi para mim e, naquela época, não sei como ficaria semanas sem a presença de minha mãe.

Transportando para os dias atuais isso me faz compreender o apego que o meu filho Henrique tem pela minha esposa, Nelci, a sua mãe, e o da minha filha Valéria, para comigo, de qualquer forma, o nome mãe parece-me ter um peso maior para os filhos, inconscientemente, nos momentos de adversidade. Somos uma família e nos adoramos, inclusive os nossos animais. Digo a eles que uma casa não se tira do lugar e carrega para onde for, porém, um lar nós levamos sempre junto, não importa a distância. Para irmos ao encontro de nossos avós pegávamos um ônibus na frente da estação ferroviária de Rio Preto. Quando vínhamos pela Rua Voluntários São Paulo havia uma escadaria e no final, lá embaixo, ficava a parada dos ônibus e espalhado naquela área havia um comércio local, em barracas. Quase sempre nosso ônibus saía às dezesseis horas e, às vezes, variávamos o trajeto, chegando em Guaranésia no outro dia pela manhã, de trem, pela estrada de ferro Mogiana. Houve vezes que viajamos sentados em caixas e malas pela madrugada adentro. Quando se colocava o rosto para fora das janelas, às vezes, vinha algum cisco de carvão combustível queimado que movimentava a locomotiva. Mas o que me fascinava nestas viagens eram os rios, os lagos e açudes, pois para mim a paisagem sempre se completava com a presença de água. Meus olhos conheceram, entre outros, o Rio Grande ainda pouco violado, Rio Pardo, Rio Mogi-Guaçu e Rio Canoas, que marca a fronteira dos Estados de São Paulo e Minas Gerais, naquele ponto próximo a Mococa. As jardineiras eram calorentas e as estradas de terra nos deixavam empoeirados e cansados.

Meus avós moravam num casarão de esquina, cuja porta de entrada da casa já saía direto na rua, ou melhor, na calçada. Ao lado um jardim e mais acima uma garagem. Nesta garagem, na época que ainda era criança, minha mãe ouvia que o meu avô, capitão Plínio, possuía um automóvel Studebaker, cujo motorista chamava-se Augusto, dispensado do seu trabalho porque o carro não mais andou por causa das bruxarias de uma mulher invejosa, identificada como feiticeira e dona de um olhar penetrante capaz de matar plantas e animais. Na casa vizinha, nesta época de férias, morou uma família cujo casal possuía três filhas. Eu vivia medindo a filha menor, combinando um pouco com minha idade, talvez pouco mais velha, a Sônia, de olhar faceiro e com toda energia que a idade lhe proporcionava. Imaginava que ela sabia dos meus olhares quando se mostrava desapercebida; uma vez ao expiá-la pela janela, virou-se rapidamente e não tive tempo de me esconder. Vinha sempre à casa de meus avós, geralmente à noite e, às vezes, cantava perto de mim: "Tu olhaste para mim ...". Lá no casarão sempre se juntavam parentes e vizinhos para as costumeiras conversas e saraus. O mal-estar muitas vezes se fazia presente em virtude da polaridade política entre os Peludos e os Pelados.

O sino da igreja matriz de Guaranésia também tinha uma característica própria e o bater que mais me impressionava era o que anunciava o falecimento de alguém. Nas cidades em que passávamos, o som do sino sempre me chamava a atenção. Tinha sensibilidade para diferenciá-los pelos sons, compasso e número de batidas; comparando-os. Na praça da igreja havia o coreto, além das figueiras. O padre morava na esquina e logo numa travessa abaixo ficava o cinema, que anos atrás fora em outro local, onde o piano de minha mãe, emprestado, era tocado, na época em que meu avô tinha um hotel e uma padaria. Minha mãe aprendeu cedo a tocar piano e sempre que entoava Ave Maria, de Gounod, a pedido do meu avô, ele chorava. Na praça próxima ao fórum havia o encontro de jovens que se movimentavam em duas correntes contrárias. Havia o serviço de alto-falante e guardei para sempre em minha memória a abertura dos trabalhos audiofônicos: "Boa noite! Este é o serviço de alto-falante da SEV" (abreviatura de Sociedade Esportiva de Vôlei). A música de fundo era "Moonlight Serenade", com Glenn Miller, e seguia com outras músicas até às vinte e duas horas. Em nossas reuniões noturnas cantávamos, conversávamos, jogávamos baralho, víspora, etc.

Desde muito cedo, minha mãe sempre nos contava histórias de sua infância e juventude. Uma dessas histórias, o palco fora ali mesmo, naquele lugar em que estávamos. Mesma cidade, mesma casa e quase mesma vizinhança. Na residência onde morava Soninha há anos, habitava outra família, o senhor Moraes, dona Nenê e seu filho. O patrono, esposo de dona Nenê e padrasto de seu filho, era pessoa bem conceituada, austero, e freqüentava as reuniões da maçonaria local. Dona Nenê ia quase toda noite conversar com minha avó, dona Mulata. Tudo muito próprio ao costume naquele lugar e naqueles anos. A conversa, o jogo familiar que culminava com as famosas quitandas servidas, era parte do cotidiano daqueles tempos. O jantar era servido no máximo às dezoito horas, com sopa como entrada e a presença de todos à mesa, por isso mais tarde havia uma refeição antes de dormir, totalizando cinco refeições diárias, contando com o café da tarde. Meu avô, capitão Plínio, que tinha como hábito estar sempre com a unha ou canivete a cutucar uma ferida no dorso da mão esquerda, proibia terminantemente de nos banhar após ter comido, bem como de misturarmos alguns alimentos, principalmente manga com leite. Diz-se que a disseminação desta lenda remonta do período da escravidão, quando os senhores procurando evitar que os escravos consumissem determinados alimentos, inventavam que alguns malefícios estavam associados à ingestão de certas misturas. Por exemplo, fruta com leite.

Numa certa segunda-feira, à noite, dona Nenê como sempre fazia, chegou ao casarão após o jantar e foi com minha mãe, avó e outras pessoas para a sala de jantar, onde além da conversa iniciaram uma rodada de baralho. Nesta noite meu avô não se encontrava em casa, pois havia reunião da loja maçônica. Passado algum tempo, com as pessoas entretidas, eis que se ouve um estampido, logo seguido de outros. Minha avó espantou-se e deixou transparecer a sua preocupação com os estouros. Foi quando dona Nenê lhe dirigiu a palavra: "Fogos de artifício, Mulata? Ao que prontamente minha avó respondeu: "Não, isso para mim foram tiros e bem próximos daqui". Já levantando de sua cadeira, rapidamente passando pela porta vai-e-vem, chegando ao corredor da entrada onde repousava galante chapeleiro, alcançou a porta principal e, abrindo-a, deu de cara com dois indivíduos que desciam correndo rua abaixo ainda com armas em punho. Apesar de muito forte e firme, ela se espantou com a situação e, logo chegaram os demais e dona Nenê. Minha avó, fechando novamente a porta, alertou a vizinha: "Eles vieram lá de sua casa Nenê!". Num ímpeto de bom senso, dona Mulata impediu que eles saíssem dali. E diante do nervosismo de dona Nenê, chamou o mordomo da casa, Zé Negrinho, homem bastante educado, prendado na cozinha, servil e fiel, e pediu que fosse até à residência vizinha; entre a casa e o portão branco que dava acesso à rua, havia um jardim. Zé Negrinho encheu-se de coragem e foi. Noite escura!

A escuridão da noite, as lâmpadas apagadas e o pavor gerado pela situação dificultavam a missão. Ao conseguir atingir o portão, o abriu e adentrou pé ante pé. De repente, levando tamanho susto, soltando um grito e caindo porque tropeçou em um corpo, levantou-se e ,chispando, voltou ao casarão, já repleto de pessoas curiosas e alertadas pelos estampidos dos disparos. O impasse continuou e a apreensão tomou conta de todos. O mordomo sabia que havia alguém no chão, mas não sabia quem. Dona Nenê chorava e, preocupada, ameaçava ir até lá. Estava a ponto de um desmaio, o seu semblante era de pavor e preocupação. Nesta hora chegou ao local um dos médicos da cidade, o doutor João Bento. Competia a ele, naquele momento, o encargo de verificar como médico a situação da vítima, que todos tinham certeza existir. Lá foi ele com passos resolutos prestar possível ajuda à vítima e trazer informação mais concreta do acontecido. Passados alguns instantes, veio ele de volta, sereno e vagarosamente, dirigindo-se diretamente à dona Nenê: "É o Moraes e ele já está morto!" Minha avó percebeu o clima observando a frieza do doutor João Bento, de não poupar a viúva e lhe falar de uma forma nua e crua, e o rosto dela com ar de alívio ao receber a notícia. Dona Mulata comentava isso em casa e com alguns outros mais. Porém, nada permitiria que naquela hora de dor minha avó fizesse qualquer comentário presumindo certo ar de maldade.

Foram tomadas todas as providências cabíveis. Polícia, retirada do corpo, velório, condolências, enterro e a tristeza imperando entre aqueles apegados à vítima. E os dias se passaram! Missa de sétimo dia, de um mês, e os questionamentos e hipóteses desta tragédia continuavam. Sempre muito observadora, minha avó, em dado momento, passou a perceber por perto de sua casa a presença de pessoas que não eram costumeiras dali. O meu avô ficava bravo e a achava implicante. Num certo dia, dois destes forasteiros bateram em casa e pedindo a presença de meu avô o conduziram até a delegacia da cidade. Os forasteiros eram policiais investigadores, vindos de Belo Horizonte para tentar elucidar o crime. Já não possuíam mais dúvidas, tinham absoluta certeza que o autor do crime era o meu avô. Com tanta eficiência, a notícia se espalhou! Meu avô, homem de bem, também maçom, capitão, tabelião, grande patrocinador das artes e responsável pela apresentação de grandes companhias de teatro na cidade, era agora acusado de tal ato. Foi um espanto para todos, principalmente para os amigos e para a grande massa humilde que ele sempre ajudou. Meu avô foi provisoriamente detido na delegacia e para os inimigos políticos aquilo veio a calhar. Foi um prato cheio! No ápice da consumação da injustiça, que muitas vezes não apresenta um final feliz, dona Nenê dirigiu-se a minha avó Mulata e pediu para que ela a acompanhasse até à delegacia. Assim foi feito e lá chegando, na presença do delegado, dona Nenê abriu-se: "Quem mandou matar o Moraes fui eu. O senhor Plínio Martins Pereira é inocente das acusações e deve ser solto". Todos ficaram perplexos, exceto minha avó e o doutor João Bento, que naquela fatídica noite já havia percebido que a aflição de dona Nenê era apenas com seu filho que, inadivertidamente, poderia ter chegado e no escuro da noite ser confundido com o padrasto.

Minha avó naquele instante percebeu o ar de alívio da mulher que confessou que assim o fizera porque o padrasto maltratava muito o seu filho. Mas diante do rumo tomado ela não poderia deixar meu avô ser penalizado por algo que não fez. Logo depois de lá se mudou. Eu, sempre atento, colocava-me dentro das narrativas e por isso guardei sempre com detalhes tudo isso.

Já final dos anos cinqüenta e início dos anos sessenta, sempre nas férias de julho ou de janeiro, quando não nas duas, íamos para Guaranésia. Logo ao chegar, ainda dentro da jardineira, passando pelo córrego da Vargem, já deparava com a molecada do lugar tomando banho no rio. Imediatamente já ficava a imaginar os meus amigos de São José do Rio Preto, a Turma do Asfaltinho, se divertindo às margens do córrego Piedade, e outros pontos que freqüentávamos como a ponte do Luisão, a ponte de São Jorge, Eldorado ou algum outro lugar que ensejasse as mesmas brincadeiras. Daquele pedaço ainda se conseguia tirar água de algumas fontes para ser bebida. Eu apreciava os saltos da garotada de cima do parapeito da ponte, mas nunca me atrevi. Meu avô Plínio dizia que era preferível eu freqüentar a zona do meretrício do que me aventurar nas beiras de rios, pois o seu temor maior eram as cobras. Contava ele que, em certa situação no meio de uma mata, fugiu estarrecido de uma delas portando um revólver na cinta. Não tinha vergonha de contar o seu único temor, as serpentes. Outra confissão sincera do meu avô, capitão Plínio, era que nunca entraria numa aeronave e que só morreria num acidente aéreo caso o avião caísse sobre ele.

Em contrapartida, certa ocasião, um amigo do meu avô deitou-se numa estrada erma à noite e cobriu-se com um lençol branco com o propósito de assustá-lo, pois sabia que por lá ele passaria a cavalo. Ao deparar com o falso fantasma ele tirou o revólver e atirou para cima provocando a fuga aos berros do embusteiro paspalhão. Este acontecimento ele contava às gargalhadas assim como outro ocorrido em sua juventude, ocorrido na zona do meretrício. Certa vez um primo dele viajou para outra cidade e por lá permaneceu uma longa temporada. Ao retornar meses depois quis saber as novidades da cidade. Num lampejo de momento e sem grandes coisas a falar, meu avô comentou: "A Tibúrcia, dona do casarão das mulheres, rainha das noitadas, faleceu!". Lamentando o que ouviu, já que era freqüentador de lá, logo mudou de assunto e com isso o meu avô esqueceu de desmentir. À noite o primo se preparou e foi visitar as mulheres. Noite escura e sem iluminação artificial lá se foi. À porta de entrada preparou o discurso de condolências para as infortunadas órfãs. Foi tudo muito rápido, mas com estilo abriu a porta e entrou. Como regra geral, a entrada se fazia passar por um longo corredor que terminava no local das reuniões. Lado a lado deste corredor, estavam dispostos os quartos. Era quase meia-noite. Subiu o degrau lentamente e, caminhando em sentido contrário, notou que apareceu lá no fundo, trajando uma larga camisola branca e à mão um castiçal de velas acesas, a Tibúrcia. Com um ar de pavor e todo arrepiado, o mal informado rapaz arregalou os olhos e passou a gritar a todo pulmão: "A Tibúrcia aqui! A Tibúrcia aqui! A Tibúrcia aqui!". Do outro lado extremo e sem entender nada a mulher também espantada gritava perguntando: "Sou eu sim seu filho da puta, onde você queria que eu estivesse?". A essa altura os quartos ocupados tiveram as suas portas abertas com homens e mulheres pelados buscando esclarecimentos para tamanho escândalo. Contornada e esclarecida a situação foi que o jovem mancebo se deu conta da mentira que engoliu e do vexame que passou. Quando voltou a se encontrar com o meu avô revelou o seu descontentamento e por longo tempo não quis mais conversar com ele. Meu avô chorava de rir mesmo tempos depois ao relatar o fato.

Era um bom homem e algumas vezes contou-me que soubera que o notável homem público e jurista Rui Barbosa possuía um amigo muito rico e que para ele defendeu uma causa cujo final lhe foi totalmente favorável. O amigo, financeiramente abastado, resolveu fazer-lhe então uma surpresa já que de início o famoso e competente advogado não quis receber seus honorários. Comprou uma nobre mansão e reservou o imóvel para dar ao amigo como gratidão pelo êxito do trabalho e despojamento na recusa em ser remunerado. Porém, conta-se que a esposa do jurista o pressionou para enviar a cobrança do serviço executado. Impotente diante dos argumentos e personalidade forte da mulher, assim o fez para completa decepção do companheiro. Acontece que a conta apresentada era de valor muito inferior ao imóvel que iria ganhar, mas ainda desconhecia. Decepcionado, o abastado homem confidenciou que a partir daquele momento ganhara uma causa, fizera um bom negócio em continuar de posse da fina residência a troco do que considerou uma ninharia as custas advocatícias, mas lamentava a perda de um amigo.

Meu avô, capitão Plínio, tinha como vícios as cartas e a boemia, mas a sua perdição foi o grande coração que o fazia acreditar piamente na palavra do ser humano. Conquistou muitos bens, era popular e portanto muito assediado politicamente e desta forma tanto ele quanto meu avô paterno eram ímãs de atração para aproveitadores e inescrupulosos que sempre rondam as nossas existências. Fazia parte do PSD, cujos membros eram regionalmente conhecidos como os Pelados de JK junto com doutor Benedito, Tãozinho, como era conhecido o advogado Lauriston, entre outros. A outra facção era formada pelos chamados Peludos, da UDN. A doentia rivalidade local, vim a ver e compreender que não era característica daquele lugar, mas algo que aflige até hoje a todos os espaços onde existe mais de uma pessoa. Nós, e cada um de nós, um único indivíduo, temos nossos conflitos conosco mesmo. Por isso existe o psiquiatra, o psicólogo, o terapueta! Chega às fronteiras da impossibilidade administrar convivência, idéias, comportamentos de mais de uma pessoa de forma completa e saudável. Vi esta metástase política se alastrar através dos tempos a ponto de iniciarmos novo século e novo milênio às portas de uma UTI com as vocações, culturas, intenções, moral, a fauna, a flora, os mananciais de água, florestas, enfim o nosso *habitat* e costumes entrando numa espécie de falência múltipla.

A mãe natureza é sabia e não adianta tentar superá-la mesmo que seja homeopaticamente, pois o tempo para nós também é do tamanho da dosagem homeopática, e para ela é eterno. Acredito que fazemos parte de uma grande e constante transformação o que nos deixa inclusos nesta visão de eternidade. A natureza não sorri, não se aborrece, não julga, não acusa, não debocha, simplesmente como num estado anárquico deixa o livre arbítrio agir e caminhar consumando esta transformação. Devolve para nós, como se fosse uma vingança por agredi-la, em forma de catástrofes e aí não há lei humana que a julgue e condene pela reação agressiva e, às vezes, mortal. Naquela época pensava em como seria estar no século vinte e um. Meu pai receava não ver esta mudança. Eu acreditava que ficaríamos para a semente, concordando com o que minha mãe falava. Meus pais conseguiram superar esta marca, mas em mim isto não bastou, e eu queria que tudo continuasse, por isso a minha paixão pela história de Peter Pan. Hoje, com saudade, lembro-me deles e penso como seriam os seus pensamentos em relação aos seus antecessores e assim por diante. Somos todos irmãos, parte um do outro, complemento um do outro, enfim, uma grande e eterna família universal interagindo entre si.

Hoje, infinitamente de forma pequena, entendo a situação estranha que me acometia e mudava o comportamento percebido, parece que inicialmente uma vez no balanço de uma amoreira na casa do Luiz, meu amigo. Sofrendo com minha neurose, o meu distúrbio, cuja meta final é a ação compulsiva, determinada, querendo mudar o destino e perpetuando a felicidade, mas a que preço, pergunto? Como é desagradável e ridicularmente anti-social. Lembro-me dos vários números chaves que já passaram pela minha mente, pelos meus rituais em todos estes anos. Sou maníaco, nisso minha mãe tinha razão, isto não é somente uma simples mania, esmero ou gestos ordeiros, porém o conteúdo de sua denominação não pejorativa me parecia pequeno, um elogio. Devido às passagens que minha mãe contava de um parente, Zico, que passou uma noite beliscando um defunto para ver se ele sentia, ou quando ele sumiu porque queria alcançar o Sol, e de seus rituais na hora de dormir os quais não gostava que ninguém olhasse e que dizia ser hora de "seus estudinhos", passei também a chamar alguns comportamentos meus de "estudinhos", de forma aberta e inteligível, mesmo para aqueles que sabiam.

Muitas vezes, talvez, mais cedi do que venci estes impulsos compulsivos, mas cheguei a conclusão que eles é quem mandam em minha personalidade e devem tê-la moldado, pois no final se luta contra é porque está presente! Mas em todo esse tempo administrei louvavelmente isso, pois poucos se estranhavam diante de alguma cena flagrada e incompreendida destes atos e a explicação era sempre plausível, ao menos no que tange ao aspecto social. Neurose obsessiva compulsiva quantas vitórias atribui a você? E as batalhas perdidas, foram porque não a obedeci ou desempenhei mal suas ordens perdendo no desafio de seus jogos? Na desobediência quantas burlas para superá-la? Quantos malabarismos para ignorá-la? Nesses momentos será que eu venci, deixei de ganhar ou perdi? Ou fui somente mais um perturbado submetido a uma de suas estratégias de manifestação? Então é ela que me engana quando quer? Ficaria satisfeito se soubesse que meus rituais ao menos não prejudicam alguém. Uma folha ao vento, para o norte ou para o sul, para o leste ou para o oeste, um sopro para o lado ou outro, um olhar para onde não esperamos pode mudar nosso destino ou até vários destinos? Como saber? Tudo é motivo para acordá-la, medos, expectativas, felicidade, alegria, tristeza, sorte, azar, vitórias ou derrotas, enfim é um cassino dentro de um viciado. Parece que ela propicia uma chance de mudanças perpetuamente.

As repetições são constantes tanto na escrita como no comportamento, é uma confirmação do fato; na fala ela se expõe menos. Não quero, mas sigo compulsivamente de uma forma que não desperte a menor estranheza nos outros, contrariando-a quando tenho à disposição confiança. Sou seu refém nos momentos de angústia, ansiedade e esperanças. Azar ou sorte? Essa mesma energia compulsiva que me impele a gestos visando desfechos felizes pretendendo que não só a mim e àqueles que bem quero, mas a tudo o justo que desejo e acho que é o bom, ou bem, sobrepujando o ruim, o mau, ou o mal, penso que colocado em quem tem a personalidade do bem batalha pelo seu lado, e aquele que tem o caráter do mal luta pelo seu, ou seja, a compulsão trabalha de forma diferente para satisfazer o seu "eu" sendo como o indivíduo é. Isto me faz lembrar a crucificação de Cristo tendo a seu lado duas pessoas rotuladas iguais, mas com "eus" diferentes, destinos diferentes num provável renascer.

Durante minha existência, a numerologia advinda dessa obsessão variou até os dias de hoje. Lembro-me do reinado do três, do cinco, do sete, do nove e das combinações cinco mais quatro mais três, cinco mais quatro mais três mais dois. Hoje, ao escrever, a fase é do cinco mais quatro mais três mais dois mais cinco. Houve situações angustiantes em que diante dos fatos geradores ela não se fez presente. Em certa ocasião, ainda em Guaranésia, encontrava-me só no quarto de hóspedes em que ficávamos instalados, o de esquina com três janelões dando para a rua e duas portas, uma com comunicação para o quarto de meus avós e outra comunicação com o corredor da porta principal, contando ainda com a imponência da chapeleira e um passador se estendendo pelo chão do corredor, que chegava à antiga porta "vai-e-vem" que se abria na sala de visitas. Lá o espaço era para três camas ou mais. Deitado em uma delas, quieto e com o pensamento, não sei onde, inebriado pelo sossego que a cidade oferecia, despertei para o barulho de pessoas se encontrando na calçada, ali bem de frente. Inconfundivelmente era a voz da minha avó e outra pessoa que até hoje não sei quem era. Em dado momento, apesar de não estar atento à conversa, algo naquele diálogo chamou minha atenção. O assunto era minha mãe.

Ouvi quando a minha avó comentou com a outra pessoa: "A Elza não é minha filha legítima". Também foi só, não me lembro do restante da conversa. Mas aquilo não me chocou, apesar de meus aproximados dez anos de idade. Passei a pensar, naquele instante: "Tenho quatro avós!". Meu pai Irênio, perdera sua mãe, Rosa, minha avó paterna, quando tinha cinco anos. O meu avô Manoel se casou novamente antes que eu nascesse. Deste fato eu já tinha conhecimento e chamava a sua nova esposa de vó Sara. Nesta época o meu avô Manoel já era falecido e ela não. Mas a outra história, até então, eu desconhecia. Presumo que meus irmãos também. Nunca comentei com qualquer pessoa, mas administrei bem o fato. E mais, procurei, tal qual um pequeno detetive saber mais fatos pertinentes a este episódio de minha vida. Descobri que o meu avô Plínio e minha avó, dona Mulata, se casaram na cidade de Nepomuceno. Lembro que meu avô referia-se ao seu pai rígido dizendo nas vésperas de seu enlace: "Rapaz, cuidado para não se atrasar para a cerimônia, pois filha de ninguém é brincadeira para sofrer tamanha desfeita numa hora destas!". Tiveram uma filha, Mariinha, que morreu precocemente. Posteriormente a associei a uma fotografia que encontrei e, não tive dúvidas, era ela. Também, sem chamar a atenção de ninguém, conclui que minha avó estava condenada a uma esterilidade após esse trauma vivido tão jovem. Foi quando o meu avô, numa aventura extraconjugal, engravidou aquela que seria a minha avó biológica.

A partir de minhas investigações cheguei a conclusão que aquela mulher que entregou a filha para o pai, no caso o meu avô Plínio, partiu da cidade. Não era rica, mas bem vestida e bonita. Não sei qual foi a reação de minha avó, dona Mulata, no momento, só sei que a minha mãe Elza, criança bonita e saudável, foi extremamente bem aceita e se tornou o alvo de todo amor possível dedicado pelos pais. Mamãe era sempre a palavra com a qual minha mãe se referia à minha avó e com profundo sentimento de carinho e respeito. Anos depois vim saber que aquela senhora vistosa e bem trajada voltou a Guaranésia. Então maltrapilha e machucada pela vida quis ver a filha. Conseguiu apenas ver e sumiu para nunca mais voltar. Também sinto muito carinho por ela apesar de não a ter conhecido. Nunca comentei nada com a minha mãe, mas notava que algo a incomodava no seu íntimo em relação a isso. Cheguei a pensar que ela não soube lidar com o fato, mas hoje vejo que não. De uma forma toda particular ela procurou equacionar a questão e conviveu assim entre nós. Talvez se ela se abrisse e conversasse sobre o assunto, não teria vivido de uma maneira, que me parecia, triste, angustiante; um vale sem ecos.

Fato ímpar e acontecido nesse período, que envolviam dificuldades com mãe em relação ao filho, com atitudes e desfechos inesperados era contado. Havia uma grande fazenda cujo casal e senhores do feudo não possuíam filhos. Dentro da gleba trabalhavam dezenas de serviçais distribuídos de acordo com suas atribuições. Certo dia o capataz teve a impressão de ouvir um ruído que não soube definir de momento. No início não deu atenção, porém com a insistente repetição passou a prestar mais atenção e dali começou a buscar o local de onde partia aquele som semelhante ao miado frágil de um gato. Ao se aproximar da fossa usada pelos empregados notou que a origem era ali. Intrigado buscou um lampião para ver melhor o interior do buraco e para seu espanto encontrou o que procurava. Era uma criança recém-nascida que fora atirada naquele lugar para morrer. Resgatou-a com a ajuda de outros caboclos e levou o achado aos patrões que investigaram e chegaram até a autora da proeza, que havia disfarçado a gravidez durante todo o período da gestação sem levantar suspeitas e parido a criança sozinha. Como solução, foi mandada embora do lugar e o casal, donos da fazenda, adotou com todo gosto e carinho aquela infortunada criança que o destino numa guinada rápida transformou em afortunada.

Voltando aos meus pensamentos iniciais, provavelmente naquela manhã que ouvi o início deste episódio familiar estaria imaginando como e com quem iniciar o dia de atividades lúdicas. Chamaria o Eduardo, vizinho de baixo, e como sempre a abertura seria com algumas incursões ladeira abaixo, através dos trilhos que representavam as ranhuras das cerâmicas que revestiam aquelas calçadas, com nossos "carrinhos de sebo". Nós mesmos os fabricávamos com o corte de um cabo de vassoura, onde colocávamos estes dois pedaços iguais no tamanho paralelos na medida dentro dos sulcos contínuos das cerâmicas e pregávamos duas tábuas perpendiculares, nas partes detrás e na frente, respectivamente onde iríamos sentar e pôr os pés. Isso formava o brinquedo simples, cujas duas superfícies de contato eram impregnadas com sebo de boi para deslizar. A diminuição do atrito, o nosso peso e a gravidade agindo na declividade da ladeira nos proporcionava horas de lazer e algumas escoriações e hematomas. O cardápio lúdico da infância naqueles tempos era variado, simples e bem respeitado por nós. Não conhecíamos o termo descartável. Papagaios, peões, bolas, como cuidávamos deles! Havia um calendário anual para nossas atividades. Seria uma espécie de era do ouro quando exercitávamos brincando e colhíamos grande parte de nosso sustento da própria natureza. A época do milho, a época das mangas, jabuticabas, laranja lima, jambo, etc.

Havia também um outro garoto negro, filho de um marceneiro, com quem estávamos sempre juntos e com quem minha avó implicava porque eu sentia as dificuldades que passavam e estava sempre a pegar bolachas em casa para repartir com ele. Causava-me muito medo dois quartos de hóspedes situados perto do jardim da casa, pois em certa hora da noite não era incomum ouvir, vindo do lado de fora, ruídos tais como correntes ou pedaços de lenha se arrastando pelo chão. Chamada de tia Titina, a irmã de minha avó, de natureza simplória, morava ali perto. Uma de suas sobrinhas vivia a clamar a visão de um ente querido já falecido. Numa noite ao sair da cozinha para o quintal, logo ao ter aberto a porta, caiu desmaiada. Foi socorrida e depois de restabelecida comentou que teve a aparição daquela parente que tanto pediu, postada ao lado de um tanque situado fora.

Na casa de meus avós, num local próximo ao quintal, havia uma construção dividida em pequenos cômodos. Num deles, lembro-me do pilão, o ponto de partida de algumas guloseimas caseiras. O moedor de café que muitas vezes era ganho em grandes sacas para ser torrado. O fogão, interno, na cozinha era percorrido por serpentinas ou canos que desembocavam no banheiro e daí vinha a água quente. Vizinho à cozinha ficava o quarto da Maria Muda, encarregada de cozinhar, limpar e lavar. Lembro-me dela sempre sorridente tentando se comunicar conosco. Eu quase não a compreendia, mas sabia que dentro daquele ser havia uma alma humilde e boa. Demonstrava enorme alegria e devoção quando a casa era visitada por uma companhia de folia de reis. De seu quartinho se via o quintal, repleto de árvores frutíferas, um tanque e a cisterna. Ali era o local em que se fazia o sabão de cinzas e minha avó tinha horror quando estava a prepará-lo e surgia repentinamente dona Olímpia; nesta época minha mãe era criança. Segundo ela, a mulher tinha um olhar forte e nesse instante a mistura desandava e tudo era perdido, tempo e matéria-prima. Sua maneira de fixar era tão poderosa que conseguia matar animais com o olhar e, segundo minha mãe, fora ela que anos atrás conseguira fazer com que o Studebaker de meu avô não saísse mais da garagem.

Tudo tem um início e um fim, pelo menos para nós que comparamos nossas vidas às coisas que nos rodeiam. Tudo é relativo. Mas se pensarmos bem, fazemos parte de uma transformação. Eterna? Então, somos eternos! Meus avós experimentaram, material e espiritualmente, fases de ascensão e descensão. Materialmente pelos bens que tiveram e despojaram e espiritualmente pelos conflitos passados e que baquearam suas almas. Isso se repete com todos nós. Algumas vezes ficamos grandes e noutras apequenados.

Certa época foi designado para Guaranésia um juiz que não angariava a simpatia da população. Ele de pronto antipatizou-se com o meu avô, que neste período da vida era escrivão. Meu avô, assim como outros, sofreu várias humilhações nas mãos deste magistrado. O famigerado juiz, vez ou outra, ia jantar num restaurante, quando isso ocorria, sua empáfia trazia momentos de notável desagrado para os funcionários. Certa vez ele devolveu um bife, pois não estava do seu agrado, causando um sentimento de vingança na cozinheira que o fritara. Injuriada, rapidamente encontrou a solução para descontar aquela ofensa, e sem pestanejar disparou uma cusparada por sobre o filé, retocando seu gosto após tê-lo refritado. Assim o garçom retornou o pedido para a autoridade que o comeu com ar de satisfação, lambendo os beiços, aprovando o prato para regozijo e satisfação dos serviçais.

Nesta mesma época, trabalhava na cidade um tenente da polícia e cumpridor de seus deveres. Certa vez, encarregado de uma diligência fez a apreensão de um elemento perigoso. Foi uma tarefa árdua e difícil. Para o seu espanto, o distinto juiz, no pedestal de sua arrogância e sapiência, deu autorização para soltura do sujeito. Assim foi feito. Indignado, o tenente, num momento desumano de transformação de comportamento, foi à procura do tal magistrado. Encontrou-o na praça defronte o Fórum. Nesse tempo meu avô morava na casa da esquina, camarote para esse palco ímpar. Nesse instante ele estava à janela e presenciou o encontro de roupagem similar ao "Ok curral" da história norte-americana. O tenente se aproximou do juiz e aos berros passou a cobrar-lhe satisfações do ato de soltura do preso. Incontinenti, o togado fez menção de levar a mão à cintura para retirar uma arma que de fato carregava costumeiramente. Rapidamente o tenente, mais ágil, pegou um rebenque e passou a surrar ali o juiz que não teve reação, mesmo porque sua arma caiu. Segundo meu avô foi uma das mais belas surras jamais vista por ele e por toda a platéia. Prostrado no chão e com muito custo o homem se levantou, mas provavelmente deixando no calçamento a sua dignidade. Sem dizer nada no local dirigiu-se até onde estava o meu avô que na janela permaneceu inerte. Então falou: "Senhor Plínio, tenha a gentileza de me acompanhar até o Fórum". Via-se que alguma humildade conseguiu sair do chão com ele, quiçá ali aprendera. Então, meu avô foi o escrivão, copiando o relato do incidente. Depois disso o tenente foi removido de lá. Nunca mais houve notícias. O juiz também pouco lá permaneceu para alívio de muitos. Será que ele continuou o mesmo? Há aqueles que escolhem um caminho e dele não saem de forma alguma, com relva macia ou espinhos, areia tenra ou pedras.

Raramente aparecia no velho casarão dos meus avós um dos irmãos do capitão Plínio que chamávamos por tio Zequinha. Tinha como defeito físico a baixa audição e teimava que a casa onde morava, num local retirado, era freqüentada por espíritos noturnos que invariavelmente nas mesmas horas e todas as noites passavam por lá. Por tanta insistência convenceu meu avô a ir até o local presenciar aquilo que afirmava com tanta convicção. A postos esperavam e realmente tal relato se confirmou, mas com outra explicação racional. Por perto da casa havia os trilhos da Estrada de Ferro Mogiana e a visão fantasmagórica era apenas a luz da locomotiva, que mesmo barulhenta não era ouvida por tio Zequinha.

Nos primórdios do século XX contava minha mãe que lá viveu um senhor alto, de bom palavreado, sempre impecavelmente vestindo, ternos e, às vezes, sobretudo, comumente escuro, acompanhado de chapéu e luvas. Andava com um automóvel arrojado para os padrões do local e da época. Lembrava um gangster bem-sucedido, se assim pode-se dizer, da cidade de Chicago. Carregava em seu arquivo dezenas de homicídios. Seu nome, Juca do Abedão, defendia a si e aqueles que julgava amigos ou lhe houvera prestado algum favor. Dentre seus bens havia uma casa que ele alugava para certa família. Britanicamente passava para receber seu aluguel, elegante e bem-educado. Convenientemente, de tempos em tempos, por conta de sua matemática financeira e baseado em seus índices, aumentava o aluguel. Sentia nisso um grande favor que dispensava àquela pobre gente. Seria óbvio dizer que em dado momento a soma cobrada ultrapassaria o limite que eles podiam pagar. Insistentemente, por várias vezes, a senhora que lá residia, tentando, pelo fato de ser mulher, argumentar com o proprietário e poupando o seu marido, evitando assim um possível sentimento de afronta, explicava: "Nós não temos condição de morar aqui, seu Juca". E ele retrucava: "Por favor, vocês são ótimos inquilinos, tanto que nem contrato nós precisamos, e eu faço questão que continuem onde estão, senão considero uma grande desfeita". Como era suado e apavorante manter em dia aquele aluguel!

Havia também certa família de fazendeiros possuidora de uma gleba por aquelas bandas. Em confronto com o fazendeiro vizinho, seu parente, por disputa territorial, viveu também um desfecho fatal. Um dia o fazendeiro e patriarca dessa família, no clímax de uma discussão com o confrontante cunhado, foi baleado e veio a falecer. O clima de pesar foi instalado! A vingança jurada ao atirador, que era amigo de Juca do Abedão, se estendeu em rumores por toda a cidade e região. O encarregado de tal proeza foi um sobrinho do falecido. Dito e feito! Dias depois do enterro o valente rapaz preparou uma emboscada e lá conseguiu o seu intento. A promessa foi cumprida. A polícia foi acionada e como o jovem corajoso não fugiu, foi presa fácil para as mãos da justiça, ou seja, a mesma que não prendia o Juca do Abedão. Quando era conduzido pela praça por dois soldados, apareceu o matador na sua frente. Juca do Adebão levou a mão coberta com a luva negra à cintura e retirou um revólver e cara a cara com o que seria mais uma vítima, disparou sua arma em direção ao preso. Seu corpo ali mesmo despencou sem vida. Os dois soldados, tal qual dois soldadinhos de chumbo, assustados e inertes, assistiram atônitos à cena.

O matador calmamente guardou a sua arma no coldre, virou-se em direção ao seu carro e livre como uma águia se afastou do local, intocável e com a frieza de quem esmaga um inseto com o sapato. Ele estava acima da lei, a mesma que invariavelmente é implacável e vingativa com outros menos afortunados. Juca do Adebão, dono de um coração gélido, tinha também mulher e filho, mas isto pouco aquecia sua alma; no entanto com os seus parecia ter momentos de ternura. Prova viva de que dentro do homem vive o monstro e vive o anjo. Este homem e suas histórias nos faz pensar em nossas virtudes e defeitos, no permanente conflito entre o Bem e o Mal que habita o mais íntimo de nosso ser.

Numa certa ocasião, na única escola pública da cidade, freqüentada pelo seu filho que, mesmo criança, era respeitado por todos, não pelo que representava, mas pelo pai que tinha, chegou para trabalhar uma professora vinda de outra cidade e mal informada das peculiaridades do local. Foi determinada a lecionar justamente na classe do filho do Juca. Com a disposição de uma jovem idealista recém-saída da escola normal e sem as rédeas que nos tempos atuais são instaladas naqueles que dispõem a ensinar numa escola pública, ela começou pelo primordial, o ponto de partida, ou seja, impondo o respeito necessário à sua figura. Sem isso, como ensinar? Coincidentemente, o primeiro aluno a sair da regra foi justamente o filho do Juca. Ela, em toda sua inocente firmeza naquilo que acreditava ser o cerne para uma boa educação, com pulso firme não teve dúvidas em castigar tal infrator. O garoto acatou! Ao término da aula e na sala dos professores suas colegas lhe avisaram com quem ela havia mexido. Ali ela quase foi acometida de um ataque de nervos, porém, mesmo preocupada, conseguiu ir para casa. Naquela noite quase não dormiu e no pouco que conseguiu foi atormentada por pesadelos. Mas havia também a possibilidade de o menino não ter contado ao pai. O tempo diria e convenhamos era curto.

No dia seguinte lá foi ela novamente para mais uma jornada de trabalho. Chegou à escola, preparou-se, entrou na sala sob o respeito total dos alunos e fazendo a chamada, iniciou a aula. Foi tudo às mil maravilhas. Soado o sinal, dispensou a classe e dirigiu-se para a sala de reunião dos mestres, onde foi informada de que estacionado na porta da escola estava o carro do Juca. Então soou a campainha interna do pavor que se avolumou quando veio um comunicado para o seu comparecimento na diretoria, onde se encontrava o pai de um aluno que desejava falar com ela. Que fazer? Não vislumbrava outro horizonte, senão terminar aquele suplício. Afinal era o seu trabalho e estava convicta que de errado nada fizera. Decisão cruel, mas tomada, lá foi ela para o macabro encontro. Inspirou profundamente e bateu na porta. Recebeu permissão para entrar e lá estava ele, um homenzarrão sério, mas que tão logo ela foi apresentada a ele pela diretora, estampou um sorriso amistoso. Seu coração que palpitava aceleradamente foi se acalmando, afinal ele não mostrou as garras e aquele torvelinho de maus pensamentos foi se dissipando. Dirigindo a palavra à professora, manifestou que sua presença ali era para agradecer o corretivo passado em seu filho e que ela teria todo o seu apoio caso acontecesse novamente. Agradecido, se retirou diante do olhar estupefato da diretora e de surpresa daqueles que presentes no prédio esperavam pelo pior. Anos afora, longe de lá, se comenta que esta criança se tornou um homem de bem e nada semelhante ao pai. O motivo dessa mudança foi conseqüência de um outro episódio na vida deste homem. Temido e odiado por quase todos, era inevitável que também estivesse jurado de morte por alguns desafetos. Por sinal, ele tinha respeito pelo meu avô, capitão Plínio, e conviveram civilizada e pacificamente, apesar do olhar atravessado e cauteloso de minha avó.

Havia na cidade um dentista prático, chamado de Doutorzinho, que junto com seu comparsa, faziam parte da lista dos que desejavam exterminar o matador. Eram intrépidos e, movidos pelo instinto animal de vingança, armaram um plano após estudarem os seus passos. Sabiam que todo sábado às nove horas o Juca ia com o seu carro na oficina mecânica de um amigo, que tinha o estabelecimento na mesma rua de um conhecido do Doutorzinho. Dois dias antes esta família simulou uma viagem e deixou a residência vazia e a chave sigilosamente com os autores do plano. Não queriam despertar atenção de ninguém. Lá os dois homens se atocaiaram secretamente e montaram todo o esquema. Finalmente chegou o sábado e pontualmente lá vinha o carro do Juca em direção à oficina mecânica do amigo. Os dois homens no alto da casa, aparentemente vazia, bem armados, tomaram posição de tiro sem levantar qualquer suspeita. Tal qual a caça, lá estava aquele que tantas vezes colocou sobre outros aquilo que sem saber estava sendo colocado sobre si, a mira de duas armas. Ao fechar o carro, e de pé ainda na calçada, recebeu as balas em seu corpo. Ainda com forças e movido pelo instinto de sobrevivência entrou num sobradinho escada acima conseguindo adentrar num quarto, no qual uma senhora banhava o seu bebê numa bacia. Diante da cena aterrorizante, a mulher ficou em estado de pânico, quase deixando a criança se afogar. Antes que mais esta tragédia acontecesse, ela percebeu que ali o Juca caíra mortalmente atingido. Quase na mesma hora, em razão da rapidez da notícia, o padre anunciou na igreja, os sinos repicaram, os inimigos suspiraram aliviados e até a inquilina que não chegava a tanta euforia agradeceu por aquilo. Finalmente poderia mudar e equilibrar o seu desajustado orçamento corroído por aquele aluguel ou renegociar com a viúva.

Nesta época, as vendas de secos e molhados, ou empórios, forneciam compra pela caderneta. Pouco antes do colapso total, o meu avô teve um sítio, consumido por uma destas cadernetas na venda de um comerciante de secos e molhados. Não questiono a legitimidade do negócio fechado verbalmente, tendo uma caderneta, servindo de documento. A dignidade de meus avós permaneceu como sempre de pé, inabalável. Restaram-lhes a casa, um lote e uma chácara onde vivia sem nada pagar, a família do então falecido Zé Negrinho. A casa eles venderam antes de ir para junto do filho postiço, chamado Agginho. Promotor em São Paulo. Este tio postiço, posteriormente, veio a ganhar notoriedade, quando deixou seus órgãos para transplante, cedendo seu coração para o primeiro transplante cardíaco realizado no Brasil pelo doutor Zerbini. Pode fazer isto porque se suicidou com um tiro na cabeça. Lembro-me, já rapaz, que alguns dias antes de sua morte me dissera que iria doar seu corpo para a ciência. Sabia de minha intenção de cursar medicina. Logo em seguida faleceu minha avó, dona Mulata, que queria ser sepultada em Guaranésia e ter o seu caixão carregado pelos netos. Infelizmente ficou em São Paulo e, apesar do esforço, não pude estar presente pois cheguei atrasado. Meu avô veio a falecer em 1966 e está sepultado em São José do Rio Preto. Faleceu logo após deixarmos Belo Horizonte em direção a São Caetano do Sul. Anos após minha mãe vendeu o lote e a chácara que restaram.

Toda essa gama de acontecimentos foi se armazenando em minha mente ao longo dos anos de minha infância, ouvindo meus avós, minha mãe e muitos daqueles que lá viviam. Ouvi e vivenciei durante todas as férias passadas no local. Não era minha primeira opção passar dias tão preciosos de férias por lá, não porque não gostasse, mas pelo que pensava deixar de viver momentos tão importantes com a minha querida Turma do Asfaltinho. Porém não questionava e sempre fui sem manifestar desagrado.

Hoje percebo que momentos de riqueza acrescentei em minha formação, em minha história e em minha vida.

Contava minha mãe que, em certa época, criança inocente, presenciou um segundo de ímpeto irracional, uma quase erupção de emoções catastróficas do seu pai. Ela possuía um cachorro com pouco tempo de vida e dedicava todo carinho que uma criança canaliza quando costumeiramente possui a bondade na alma. Certo dia o pobre animal se precipitou a salivar e a se contorcer. Diante de um esforço para reanimá-lo, acabou morrendo. Logo veio a entrega – um encarregado da prefeitura passou e lançou uma maldita bola, ou seja, carne envenenada que o pobre animal devorou. Apesar dos esforços, a irracionalidade burocrática foi eficaz e as tentativas de reavivá-lo foram em vão, minha mãe ainda não havia acordado, era manhã. Meu avô não teve dúvidas, pensou no estrago emocional que aquela ausência produziria em sua pequena filha e sem vacilo apoderou-se de uma arma e saiu à caça de tão eficiente funcionário. Ele, o empregado público, tal qual a maioria alegava, apenas cumprira o seu maldito dever.

Se merece ser colocado no cume da escala zoológica então, no mínimo, pelo menos algumas vezes, deve usar aquilo que carrega no topo de sua estrutura física, ou melhor ainda, dentro daquilo de mais elevado em seu corpo, a cabeça, o cérebro. Ali ele foi colocado para buscar aquilo que está inclusive acima de normas, regras e leis, ou seja, o exercício de pensar e refletir com o bom senso, a razão. Quando ela interage bem com o coração, com a alma, então o ser se rebela, se levanta e grita para pelo menos tentar mudar o que está abaixo do lógico humano, não sendo apenas um ser controlado; mas não é assim que certas pessoas agem e por isso nosso mundo a cada minuto é pior.

Na busca incansável por esse indivíduo o meu avô encontrou um sitiante amigo que ao perceber a gravidade da situação o desviou do intento, levando de presente para a minha mãe outro pequeno cão de características idênticas, ao qual ela se afeiçoou e não percebeu o ocorrido. Desta forma, meu avô não deixou que as lavas da erupção emocional atingissem o tal sujeito que certamente teria morrido naquele encontro. Essas convergências da vida que nos mostram somente um ponto no extremo dos acontecimentos não são tão raras assim. Na primeira metade do século passado, contava minha mãe, havia em Guaranésia uma linda mulher. Os homens por ela suspiravam e nutriam pensamentos e delirantes sonhos de desejo. Porém como era de se esperar somente um, ao menos naquele caso, viria a possuí-la com a vitória gloriosa do casamento. Assim se uniram o rapaz felizardo e a bela mulher. Ele competente farmacêutico, conceituado na sociedade local e respeitado pelos mais humildes. Minha mãe, constantemente cismada com o meu tipo magrelo, resolveu pedir ajuda ao competente boticário e já com a resolução do hipotético problema na ponta da língua sugeriu a compra de um conhecido estimulante do apetite. Na sua singela e transparente honestidade, ele também foi incisivo na sua opinião mesmo sabedor de que deixaria de vender um de seus produtos. “Elza, não gaste dinheiro com estas bobagens, é melhor você ir a um bar ou armazém e comprar um vinho de qualidade”.

Era um bom homem e com sua esposa teve três filhos. Havia, no entanto, um perigoso e fraco ponto em sua personalidade, o ciúme. Vigiava-a militarmente, embora sem motivos plausíveis. E esse ponto tal qual uma fenda na barragem de água foi aumentando. Praticamente reclusa em casa, condenada por esse forte distúrbio emocional do marido, raramente tinha seus momentos de lazer ou vida social que não incluísse as fronteiras da casa. E, como as mulheres de Atenas teciam seus intermináveis trabalhos à espera de seu único homem na vida, ela tecia o seu infortúnio no dia-a-dia do lar, limpando, cozendo, costurando, bordando e cuidando dos filhos, mas mesmo assim ela o amava. Corria solto pela boca do povo que o demônio passava a lhe atormentar provocando situações que levavam a ascendência gradativa e mortal desse ciúme. Numa fatídica noite, quando ela estava em seus aposentos, ele cismou que do lado de fora, na calçada daquele final de rua íngreme e pouco iluminada, alguém fazia contato através de assobios. Ninguém ouvia, somente ele. Porém aquela ira, já num patamar bem alto, à beira da loucura, instigou aquele bom senhor a buscar em uma gaveta a arma que guardava escondida. Presumo que, fora de uma situação consciente, invadiu o quarto da esposa que descansava e sem vacilo atirou em sua direção. Depois do ato realizado, parecendo uma forma de sublimação, a consciência dominou a sua impulsividade e em prantos correu para suplicar ajuda pela besteira cometida. Aquela pobre mulher, outrora linda, não morreu, mas ficou com a face desfigurada. Mostrando que não era somente linda por fora, mas exuberante na alma, perdoou-o e viveram juntos até o final de suas vidas. Desfigurada eu a conheci e enamorei-me de sua formosura de espírito.

Rua acima, bem na outra ponta da esquina, moravam meus avós. Lembro-me que uma das visitas obrigatórias de minha mãe, nestes tempos que por lá passamos, era na casa desta senhora. As visitas, quando chegávamos a Guaranésia, eram infalíveis. Havia de se passar por todas aquelas residências. Outra visita obrigatório era à dona Cotinha, mãe do doutor João Bento, médico, prefeito, cujo pai, fazendeiro, havia se especializado como "bon vivant", tendo como um de seus hábitos saborear cada segundo dos dias de carnaval. Eram três dias de folia naqueles tempos. Comentava que o correto seria trezentos e sessenta e dois dias de carnaval e três dias de ressaca para completar o ano. Assim, na boemia ele perdeu uma fazenda que virara um vilarejo por onde a velha mogiana passava. Por lá também os bilheteiros da estrada de ferro, pouco antes de parar, anunciavam: "Catitó!". Os grandes capitães da terra aproveitavam cada um à sua moda aqueles tempos de um romantismo bucólico, alguns transmitindo heranças materiais e outros, como nesse caso, herança emocional, impossível de ser usurpado o saber passado a seus descendentes.

Era facilmente reconhecível quando alguém de fora se instalava na cidade. Um destes forasteiros que por lá pousou foi um advogado recém-formado, que logo se introduziu na casa de meu avô. Segundo dona Mulata, chegou com uma mão na frente e outra atrás e, por vezes, ela remendou buracos em suas calças. Em pouco tempo foi se auto-afirmando e essa solidificação econômica viria a se cristalizar quando conheceu certa viúva, fazendeira e muito rica. É claro que este idílio, como tantos outros iniciado no acaso de um olhar e seguindo célere segundo a química da paixão, foi sendo percebido por todos, inclusive a família dela que se postou completamente contra o caso. De início as conversas familiares caíam sempre no mesmo rosário de imperfeições, que pesavam sobre o noivo forasteiro. Nesta época, na balança social, o peso do doutor à frente do nome ainda era valioso, tal qual o padre e a professora também merecidamente faziam mover o prato. Por fim, convictos desse amor e passando por cima de toda aquela corrente contrária, marcaram o casamento. O capitão Plínio e um grupo de amigos resolveram fazer a escolta do noivo que estava jurado de morte. Lá se foram, armados e dispostos a defender o companheiro. Missão cumprida, a celebração foi feita e nada de anormal ocorreu. Desta feita o juramento que valeu foi o de amor eterno. Anos e anos se passaram e as pirâmides dos defeitos foram caindo uma a uma. Ele não era um vulgar aventureiro que apenas se interessara pelos dotes da afortunada dama. A ela e à família foi dedicado e multiplicou em muito sua riqueza.

Talvez como um marco daquela união indesejável a princípio, mas aceita posteriormente, veio a concepção do fruto que marcou uma era na cidade de São Paulo e no Brasil, ou seja, o surgimento de uma grande loja com prédio enorme e próprio, no centro da capital paulista, por anos reduto de trabalhadores mineiros. O sul de Minas tinha como sua meca a cidade de São Paulo. Nos primórdios do século passado de lá vinham os ditames da moda. Assim eu tomei conhecimento de uma grande figura da alta costura, madame Ronolea, referência de minha vó. A pacata cidade de Guaranésia teve, também, os seus dias de Manchester. Lá foi instalada uma fábrica de tecidos. Mostrava toda robustez econômica e promessa de trabalho com produção maciça, mas sempre alternando falências e ressurgimentos com decantadas perspectivas, nos renascimentos intercalados, de robusto fulgor industrial.

O que realmente aconteceu foi que os acionistas sempre pagaram a conta ressarcidos somente com a cédula da decepção, e alguns sócios majoritários receberam o valor dessa conta, alternando suor e desemprego, em dinheiro bom de um lucro fictício que nunca aparecia. Finalmente, antes da derrocada, dentro das normas trabalhistas e enquadramento tributário nos moldes da perversidade e "desonestidade legal", foi a fonte de trabalho e, conseqüentemente, sustento para inúmeras famílias locais. De tal fábrica nasceu uma comunidade formada pelos seus trabalhadores, a vila operária onde residiam. A sangria agora não pararia mais nas mãos, ou bolsos, de alguns sócios majoritários, mas o ducto aspirador é aquele que tem sede a centenas de quilômetros de lá, no planalto central, de onde a redistribuição segue a cascata estadual e municipal, voltando a eles como as migalhas que despencam de uma farta mesa com o disfarce de inúmeros rótulos. Neste cenário destacava-se a figura do folclórico Mané Correia, trajando o seu terno e carregando à cabeça o seu chapéu que me lembrava Maurice Chevalier; era figura infalível também nas horas fúnebres. O soar do sino da igreja era peculiar e sincopado quando do anúncio de um funeral. Nunca foi do meu agrado ouvi-lo! Mas nestes momentos, conhecido ou não, lá estava presente o senhor Mané. Fosse na época de padre Euzébio como na de padre Ricardo. O serviço era completo, o velório, a missa de corpo presente e o acompanhamento através das ruas calçadas com paralelepípedos, sendo que até alguns discursos à beira do túmulo eram arriscados.

Contava minha mãe que o padre Euzébio não permitia choro de crianças e presença de cachorro em suas celebrações. Ao púlpito falava claramente que as mães com crianças pequenas e inquietas não precisavam freqüentar as missas. Quantas vezes ela e minha avó não precisaram voltar para casa porque o Leão, cão de estimação, as seguia. Já o padre Ricardo, sempre com as missas rezadas num imponente latim, se transformava com verdadeiros ataques de histeria quando as jovens eram flagradas se retirando do recinto antes de o culto terminar. A paróquia sempre procurava se manter apartidária, mas não os párocos que se autodividiam no clima criado pela dualidade política: Peludos x Pelados. Afinal das contas quem mantinha a boa existência era toda a comunidade. Esta comunidade estava sempre dividida entre os Peludos, representantes da classe mais abastada, e os Pelados, retrato dos mais humildes. Hoje entendo que tudo isso era só figuração, pura retórica político-eleitoreira, pois tanto Peludos como Pelados necessitavam do voto dos mais humildes para ganhar qualquer eleição. E diante da alternância de poderes calcula-se facilmente que havia dois grupos acima do povo manipulado, e, na realidade, o que ditava a vitória nas urnas era a influência aqui manifestada de todas as formas, como os favores, principalmente os de ordem econômica. Como hoje, transitavam pelos partidos as figuras humanas de acordo com os seus interesses. Porém, esse trânsito era mais restritivo às formadoras de opinião. Ao pobre povo, manobrado, restava dar a vitória a este ou aquele, não importava muito de que lado dizia estar. Vê-se que a ordenha sempre existiu e conforme o aumento da população os métodos foram também se modificando. Hoje a ordenha e o trânsito também estão no patamar mais elevado.

O senhor Benedito Claro, fazendeiro, viúvo de dona Bárbara e marido em segundas núpcias de dona Bezita, que era irmã do doutor Lauriston, alcunha Tãozinho, advogado de brilhante oratória, muito mais velho que sua esposa, minha tia chamada Emerenciana, e do doutor Benedito, médico, eram correligionários de meu avô na facção dos Pelados. Com eles a marca Pereira Lima. Quando do princípio da decadência de meu avô, então oficial de cartório, foi procurado por integrantes dos Peludos. Pediram a ele que não trabalhasse, somente isso, pois ele tinha grande contingente de seguidores e isso poderia ser determinante no resultado final. Não pediram para virar a casaca, só se omitir. Mas não era feitio de meu avô e ele não abandonou os seus companheiros mesmo nestes tempos, quando a outra ala se encontrava bastante fortalecida. Desta forma, perdendo aquela eleição, mas mantendo a dignidade, companheirismo, lealdade, ética e o amor-próprio, foi sendo dia-a-dia aniquilado pelos seus adversários. O seu cartório foi sendo esvaziado em favorecimento ao outro. Meu querido e empobrecido avô nunca perdeu sua dignidade, caminhando sempre em direção a seus ideais. Ainda enfrentou nestes tempos outra grande prova, entregou a mão de sua única filha a um belo e disputado rapaz que se dizia comunista. Fico imaginando como a cerimônia do casamento desenhara-se para meu pai.

Na época em que minha mãe acabava de terminar o seu curso normal no internato Nossa Senhora do Patrocínio, em Itu, e voltava à terra natal para se casar, o chefe de cozinha na casa dos meus avós era o Zé Negrinho. Rapaz negro, de traços bonitos e extremamente vaidoso, andava constantemente bem trajado e limpo, bem-educado, e um mestre na arte da culinária. Seus ternos de linho branco eram impecáveis e seus sapatos sempre com brilho notável. Contava que certa época passou a freqüentar o casarão dos meus avós uma senhora de procedência humilde, que de tempos em tempos por lá passava acompanhada de uma criança, seu filho. Segundo Zé Negrinho, o menino tinha um apetite voraz. Aquilo o incomodava pois era agravado por um olhar de súplica. Um dia resolveu fazer um teste gastronômico com o pequeno. Preparou a comida com excesso e à medida que o garoto terminava de comer ele colocava mais em seu prato. E assim foi até num limite em que ficou assustado e com receio de que aquela quantidade de comida ingerida pelo garoto fizesse mal. Anos depois, já homem formado, tal garoto veio visitá-lo. Para espanto do Zé Neguinho, o cerimonioso visitante se portou de maneira comedida à mesa. Naquela época a verminose grassava e este foi um caso típico de quem comia muito e não nutria o corpo. Por um destes caprichos do destino Zé Negrinho viria a se apaixonar pela Paixão. Moça desmazelada, preguiçosa e de educação inferior. Ele se contaminou por estes defeitos e se transformou. O príncipe beijou a rã e se transformou em sapo. E toda a prole de descendentes saíram como ela, pelo menos até onde pude conhecer, ou seja, filhos e netos. Carregavam a humildade, ignorância e submissão. O Zé Neguinho e sua esposa Paixão foram morar numa chácara que o meu avô possuía num lugar afastado da cidade, numa baixada, escondida por um matagal que acompanhava um pequeno riacho, onde as mulheres buscavam água e lavavam as roupas. Ali eles tiveram os seus filhos que continuaram no mesmo estilo de vida.

No local viviam animais perigosos como aranhas e cobras, mas que não os intimidavam, tanto que nas madeiras das vigas da casa, às vezes, uma ou outra serpente era vista sem o temor dos residentes que não se importavam em até dormir sabendo do perigo a rondar pelo telhado. Para freqüentar o riacho as mulheres davam um nó no vestido e segundo elas a simpatia era eficiente para afastar as cobras, coincidentemente elas nunca foram ofendidas, nem atacadas. Contava-se que, em outro local, uma pessoa foi atingida pela picada de cobra e que alguém foi o mais rápido possível à cidade tentar trazer o antídoto, porém foi negado pelo farmacêutico porque os necessitados não tinham como pagar e, infelizmente, nesse caso, o pior aconteceu, pois o moribundo inoculado pelo veneno veio a falecer. Outro episódio fatal que chegou a macular a vida profissional de um médico aconteceu envolvendo um garoto que teve um leve ferimento no pé e nem avisou a família. Achando o machucado banal, não dando a importância devida, algum tempo depois começou a queixar-se de febre e mal-estar. A família chamou o médico que visitava as casas e o mesmo não percebeu o discreto ferimento em um dos pés do garoto. O diagnóstico de tétano não foi feito a tempo e com isso a criança veio a falecer.

Em outra ocasião, o mesmo médico mostrou-se mais atento quando tratou de uma criança com dores abdominais. Prescreveu purgativos, mas não a perdeu de vista. Observando que a criança piorava, alertou e levou a pistas, que dessa vez o tempo permitiu desvendar o quadro de apendicite, e o procedimento cabível não caminhou para outra tragédia. Comentava o meu pai que por aquela época aportou na cidade um médico vindo do Rio de Janeiro, muito competente, solitário e que vez ou outra recebia a visita de uma senhora também carioca que não sabiam se era sua esposa. Em breve espaço de tempo, este médico ganhou a simpatia da população, principalmente dos mais carentes, pela sua dedicação, mas angariou a antipatia dos colegas já estabelecidos que o taxavam de charlatão. Tal como chegou, um belo dia partiu deixando saudades naqueles que foram seus pacientes. Já pelas bandas da terra de minha avó, contava ela haver uma vila bem conhecida por todos como a "terra dos papudos". O fenômeno nada mais era do que o bócio endêmico. Também característica, comentada e assustadora para eles, era uma vila de pessoas afetadas pela lepra, que ao se deslocarem para a cidade em bandos, promoviam a reclusão dos moradores em suas casas, transformando o local em uma espécie de cidade fantasma temporária. Corria um boato que um portador da moléstia acreditava que se passasse a doença para sete pessoas sãs seria curado, o que aterrorizava a população.

Nesta linha de conduta da época, assim que meus pais mudaram para Guaxupé, juntou-se a eles uma garota de aproximadamente dez anos, entregue pelos próprios pais que em seguida desapareceram, chamada Antônia. Muito doente, franzina e calada, trazia no corpo e na alma as marcas da miséria. Foi cuidada por meus pais, mas, apesar dos esforços, não conseguiu se fixar na escola e logo buscou a sua independência. Foi uma irmã mais velha que assim que adquiriu maioridade bateu asas e voou. Era esperta e de certo modo soube se cuidar. Digo de certo modo porque também teve uma paixão truncada que a decepcionou. Nunca teve filhos, voltou várias vezes para nos ver e acabou casada com um senhor, português de origem, muito mais velho, mas que lhe deixou do pouco que possuía, pois para se livrar da resistência da família logo lhe transferiu seus bens.

Um outro serviçal que trabalhava com meus avós, rapaz negro e íntegro, certa vez, num ímpeto de raiva, foi chamado pelo capitão de "filho da puta". Sem retrucar se retirou da casa por algum tempo e voltou meses depois. Disse que naquele momento resolveu pesquisar o seu passado, principalmente no que se referia à sua mãe, e viu que o que meu avô falara, mas já então arrependido, se confirmava na vida real, e entendeu que aquilo não fora um xingamento, mas a expressão da verdade. Assimilou o fato com superioridade, não carregando mágoa do capitão Plínio.

Em Guaranésia, meu pai trabalhava no telégrafo dos Correios e, na época da Segunda Guerra Mundial, a ordem vinda era de que italianos, japoneses, alemães e seus descendentes tivessem suas correspondências retidas. Meu pai assim o fazia e isso revoltou a colônia de italianos que ali se fixara. Formavam caravanas e pressionavam o capitão Plínio, sogro de meu pai, para que ele mudasse a conduta do genro. Afinal uma parte da criação de meu avô foi com uma destas famílias italianas, os Vômeros. Foi criado o impasse! Hoje me dou conta que uma das conseqüências das diferenças que sempre tive com meu pai foi me fazer anarquista. Independentemente de um sentimento pró-eixo ou antialiados; não agiria assim por entender que tal "ordem" não passava de uma determinação burra e inconseqüente desses burocratas irracionais que ainda sobreviviam nas estruturas do estado como pragas daninhas. Por outro lado penso que o meu pai apenas aproveitara a ocasião para confrontar com a elite que ele desprezava.

O meu avô paterno também era telegrafista dos Correios, viúvo de dona Rosa Falco, irmã de Rafael Falco, pintor clássico e casado em segundas núpcias com dona Sara, com a qual teve vários filhos. Bebia muito, mas não apresentava nas atividades os sinais do vício. Em certa ocasião foi flagrado por meu pai ingerindo álcool puro. O mesmo não acontecia com o senhor Plínio Martins Pereira, que não tendo a mesma resistência, de longe era observado pela dona Mulata, que dizia quando ele retornava para casa após as rodadas de baralho: "Vê-se que ele bebeu, pois vem trançando as pernas". A outra paixão do meu avô paterno era a música. Compunha, fazia versões e organizava festas populares como o carnaval. Também teve uma aventura extraconjugal com uma senhora casada com quem amiúde se encontrava. Aqueles encontros foram tomando vulto e, inconformado, meu pai passou a odiar aquela mulher, penalizado diante da passividade da vó Sara, por quem nutria muito carinho e respeito, além da gratidão por tê-lo criado. Apesar dos encontros românticos desconheço qualquer fato público e escandaloso do episódio que terminou com o meu avô paterno enxergando o erro e pedindo remoção para outra cidade, Alfenas.

Guaranésia, foram idas e vindas de trajetos tão demorados! Frio, calor, estradas empoeiradas e aquela alegria gostosa de um sabor indescritível quando, ainda na estrada, víamos as primeiras luzes da cidade de São José do Rio Preto se aproximando ao cair da tarde, nas voltas. Às vezes, voltávamos de trem pelos trilhos da companhia Paulista e posteriormente da EFA – Estrada de Ferro Araraquarense. O alto interior paulista era considerado sertão pelos aventureiros que para cá se deslocavam à procura de algo melhor. Este algo significava esperança, trabalho, dinheiro, enfim nova vida, como sempre os migrantes fizeram. Foi assim que o doutor Antônio Pereira Lima, engenheiro, filho de dona Emídia, cuja casa era visita obrigatória quando lá em Guaranésia estávamos, chegou a este sertão para trabalhar como engenheiro da estrada de Ferro de Araraquara. Uma de suas paixões era o futebol e, em São José do Rio Preto, deixou a sua presença marcante com o América Futebol Clube – AFC. Em Araraquara sua marca foi gravada na história da Associação Ferroviária de Esportes – AFE.

Foi nas transmissões esportivas da antiga PRB-8, rádio Rio Preto, que aprendi a gostar de futebol e passei a freqüentar o estádio Mário Alves Mendonça – caldeirão do diabo – onde se fazia presente a inconfundível voz do locutor do serviço interno de alto-falante. O vermelhinho da Vila Santa Cruz foi o meu primeiro time e até hoje mora em meu coração. Foram momentos de alegrias e tristezas e diante de meus olhos presenciei renomados nomes da história futebolística. Neste convívio esportivo com a Turma do Asfaltinho, nosso ponto de encontro era no bar do cine Boa Vista, na esquina da casa do deputado, ou no bar do Português. Dali saíamos para nossas proezas. Quando não, ali mesmo distribuíamos os grupos e organizávamos os mais diversos estilos de disputas, fosse com bola ou não. Dentro de nosso mundo essa rua era um enorme conjunto poliesportivo.

Tínhamos um tanque d'água em casa, onde, às vezes, passávamos horas brincando; em outras, aproveitando a ausência dos donos, invadimos a casa do deputado para desfrutar de sua piscina. Lembro da minha formatura no grupo escolar. No auditório do IEMG, com a presença das famílias, recebemos solenemente os nossos diplomas do primário. Ao som do coral das crianças da classe, harmoniosamente treinadas por nossa professora, chegamos ao final daquele capítulo de nossas vidas cantando "Deus salve a América". Ali comecei a sentir os efeitos dessas viradas de fases. A síndrome de Peter Pan acentuava e se fazia presente. Ao mesmo tempo em que era bom gostar da história e se envolver no espírito do conto que o autor ali marcou, era angustiante, embora em dose pequena, saber que deste outro lado que éramos os protagonistas principais da realidade o rumo do mundo era outro e o tempo passava. Muitos anos depois aprendi que introjetar o conto, e não só aquele conto, é o que alimenta e molda a nossa alma para o bem.

Interessei-me por várias leituras, cinema, rádio, música, pintura, enfim todas as manifestações de arte. Assim avolumava em mim a vontade de comunicação e interesse pela satisfação e problema do próximo. Entramos nos anos sessenta e o primeiro efeito do término desta fase foi me achar num limbo educacional. A escola pública era de alta qualidade e sendo a procura por vagas maior do que a oferta criava a necessidade do exame de admissão ao primeiro ano do ginásio. Concentrando meu pensamento, via-me lá e não deixava também de me envolver na magia que o fato proporcionava. Meus pais optaram para que eu fizesse somente o curso preparatório da admissão num ano inteiro. Foram feitas duas tentativas para que cursasse paralelamente com o quarto ano do grupo escolar, uma no colégio São Luiz e outra no Ezequiel Ramos, mas acharam que me sobrecarregava e assim fui inicialmente para o curso particular de dona Cléia. Ministrado por ela com extrema competência, em sua residência, numa varanda nos fundos, perto da cozinha. Mesas e bancos grandes, uma lousa pequena, a esposa do professor Amauri Assis sabia como nos motivar, levantando o ânimo e o interesse de cada um, estimulava um espírito saudável de competição no saber. Dessa forma, invariavelmente, ela presenteava seus alunos com saquinhos de jabuticaba do pomar de sua casa. Era carinhosa com todos os alunos e mostrava o mesmo interesse por nossos familiares, procurando levar esta motivação a eles para haver esta continuidade nos respectivos lares. O seu índice de aprovação na escola estadual e mais precisamente no Instituto de Educação Monsenhor Gonçalves era bem alto. Porém, presumo que por motivos financeiros, fui transferido para o curso introduzido no IEMG, que era gratuito.

Era uma classe grande e tínhamos duas professoras que se alternavam nas aulas. Uma delas morava pelos lados de minha casa e sempre que passava em frente me cumprimentava. Aquele gesto me valorizava, pois me sentia a caminho de um adulto. Aliás, recordo-me de uma passagem em que fui interpelado na rua por um garoto menor que eu que se dirigiu a mim com a palavra senhor. A cena me encabulou e atribuí isso ao fato de que sempre fui muito grandalhão para minha idade. Isto também me traria algumas vantagens. Tinha o meu álbum de atrizes feito com um caderno e recortes de revistas da época. Alguns destes recortes deixava em locais estratégicos, esconderijos, onde em alguns momentos ficava a observá-los deixando o pensamento reinar e passávamos por prazerosos momentos. Afora esses delirantes sonhos, a vida real nos proporcionava uma liberdade sem limites.

Um de meus grandes confidentes de horas de solidão era o nosso cachorro Rusti. Invariavelmente, nós dois a sós, ou em turma, saíamos pelos campos da periferia, estradas, rios e lagoas. Era um constante contato com o sol, a chuva, o cheiro de mato e o ar puro. O meu fiel amigo se lançava nas águas do Rio Preto, outras vezes nas mais limpas e calmas do córrego do Luizão. Corríamos livres pelos campos abertos de vegetação rasteira, bebíamos água de nascente, caminhávamos ao longo da estrada de ferro e na passagem do comboio eu o abraçava e sentia o seu tremor de medo daquele gigante de aço. Quando o cansaço batia sentávamos e o olhar dele fixo ao poente dourado me chamava atenção. Então puxava conversa e num monólogo premonitório expunha os nossos futuros. Não havia lugar para desilusões, frustrações, somente coisas boas, pois a chave do destino estava comigo naqueles devaneios. Destarte, quando a mente enveredava para outros cantos, ele também agia como meu confidente.

Deste final de década lembro-me de dois momentos marcantes. O primeiro ocorrido na festa ao dia do professor, na sala de aula, onde foi arrumada farta mesa de diferentes doces, bolos e outras comidas. A celebração acabou em guerra usando aquele arsenal culinário como munição. Quase um vandalismo, mas não havia maldade, apenas muita energia de crianças alegres e puras. Claro que a batalha começou após termos nos alimentado fartamente. Peguei um bolo, quase inteiro, mirei e levei o braço com o bólido para trás. No instante de atirar e vivenciar ali uma cena "chapliniana" senti a mão e a voz de uma das professoras pedindo para que não o fizesse. Obedeci e o quadro da comédia pastelão não chegou a se concretizar. Por fim chegou o final do ano. As provas para ingresso no primeiro ano ginasial do IEMG se aproximavam. Todos olhávamos com esperança de em breve vestir aquele uniforme azul e branco, com uma estrela azul na manga, participar da quadra de Educação Física e ter uma carteira do Centro Estudantil Rui Barbosa – CERB. Eu tinha minhas apostas naqueles que mais certeza depositava em serem aprovados. Não pensava em reprovação, não tinha receio, porém me colocava bem distante deles naquela lista. Era como se tudo encaminhasse numa só direção, sem interrupções bruscas. Finalmente o dia da lista dos aprovados. Era manhã e estávamos reunidos na nossa sala de aula. Centenas de meninos e meninas lá no pátio. Parece que me interessava mais em saber que outros iriam para essa nova etapa do que de meu próprio desempenho. Logo soube que a reprovação em nosso grupo fora maciça. Isso me frustrou ainda mais do que quando finalmente perguntei para uma de nossas mestras que possuía a listagem se eu havia passado e ela me respondeu negativamente. Em seqüência um colega me abordou e confirmou se as iniciais de meu nome eram BAML. Respondi positivamente e ele mostrou meu nome entre os únicos três aprovados. Incontinenti avisei a professora. Anos mais tarde fiquei sabendo que minha nota na matéria que mais nivelou os alunos saíra errada e eu estava nos primeiros lugares. Nada disso me importava. Voltei para casa, chamei o meu fiel amigo Rusti e, a sós com ele, chorei por continuar a trilha sem a grande maioria daqueles colegas. Tinha convicção de que ele me compreendia. Estava certo, nunca mais vi a maioria deles. Cruzamos as festividades de fim de ano e enveredamos para nova década.

Fui matriculado, apresentei meus exames médicos realizados no centro de saúde e a prova de vacinação. O sanatório situava-se na praça central, defronte o abrigo dos ônibus, onde havia o grande relógio quase deitado na calçada que marcava o mês e o ano. A catedral, com estilo menos arrojado, impunha-se na praça do centro. Ali ficava um ponto de táxi que em certa época abrigou dois cães que se tornaram folclóricos. Vira-latas, mansos e com uma peculiaridade, compareciam aos funerais a partir do repicar dos sinos anunciando o féretro, acompanhavam até o cemitério da Vila Ercília e depois para o mesmo local retornavam. Os taxistas os adotaram e passaram a alimentá-los e protegê-los. Foram notícia durante um bom tempo e depois não sei que rumo tomaram.

O período escolar iniciava em março. E, neste hiato, tínhamos o carnaval. Carnaval dos clubes, carnaval de rua, corso, as músicas com temas vindos dos grandes centros e fruto da criatividade dos compositores locais. Aqui imperavam os profissionais das emissoras de rádio. Nossa farra era predominantemente nas ruas. A Turma do Asfaltinho se reunia e descia em bloco para o centro da cidade. Passávamos pela ponte do Rio Borá, um lugar sem iluminação e impregnado pelos sinais da poluição. Na volta para casa o Italiano e o Julião vinham pegando das portas das casas o leite, deixado num litro de vidro com tampa de alumínio, e os pães para comerem. Outros também os acompanhavam, Nínico, Masa, Jamil, Paulão, Moncílio, Jorjão, Brucutu, Luiz, Toninho, Cláudio, Bê, Nelsinho, entre outros.

Enfim a aula inaugural chegou. Todos, mestres, alunos e funcionários presentes no auditório do IEMG. Ali foram separadas as classes e eu caí na turma da tarde, com aulas aos sábados. Desde esse primeiro dia chamou-me atenção uma professora de olhar sério, alta e cativante. Não conseguia tirar os olhos dela, sentada à minha frente, ora tirando os sapatos e desnudando os pés, ora cruzando as pernas. Imaginava ser doentio admirar daquela forma aquela mulher que seria a nossa professora de música, ou melhor, canto orfeônico, e além do mais ela estava grávida. Suas aulas eram temidas e levadas dentro do mais perfeito rigor. Todos de pé ao lado de suas respectivas carteiras esperando pela sua entrada num silêncio total. Quando ela se sentava, em seguida, num leve gesto, nos posicionávamos em nossos respectivos lugares. Então abria a lista de presença e iniciava a chamada. Um olhar para o lado era motivo de erupção nervosa. Sua matéria era ministrada num nível altíssimo. Havia outra professora que lecionava história, cuja característica eram os seus "psius". Sem aparente razão emitia dezenas deles em meio à aula e havia os que contavam aquele tique. Um certo dia ela quis saber de um aluno o que significava aquela marcação. Ainda guardo as letras das músicas de francês ministradas por uma professora que implicava quando me via com o rosto muito próximo do caderno e com as mãos distanciava-o delicadamente; na verdade, ela é que era míope.

O que mais cativava eram os rachas de futebol de salão nas aulas do professor de educação física. No único dia da semana sem aula, aos domingos, nossa primeira opção pela manhã continuava sendo o Clube da Cirandinha. Somente uma vez arrisquei a cantar lá, foi no antigo prédio e com um grupo de cantoras! Havia os que cantavam rocks, tanto em inglês como em português, ou músicas do cancioneiro nacional. Ao longo do tempo aconteceram grandes shows naquele auditório. Num deles o cantor Nelson Gonçalves dirigiu-se a mim e falou: "Garoto, peça uma música!". Solicitei "Nova Copacabana". De outra vez, a cantora Nora Ney e o cantor Jorge Goulart chamaram-me junto com os amigos Toninho e Cláudio e lá, nos camarins, trocamos alguns agradáveis minutos de prosa. Já na apresentação da humorista do cinema, Sônia Mamede, que futuramente seria a primeira Ofélia do Fernandinho, na televisão com Lúcio Mauro, fui com ela sozinho para o camarim. Ela não deixou mais ninguém entrar e conversamos bastante enquanto ela se trocava. Assim foram outros como Carequinha, Fuzarca e Torresmo, e Arrelia, que eram da turma da palhaçada. Muitos outros artistas visitavam Rio Preto naquela época e deles procuramos nos aproximar. Carlos Gonzaga, Carlos Galhardo, George Freedman, Luiz Gonzaga. Com a Cinderela conseguimos ir um pouco além, na verdade, meu amigo Caetano foi convidado por ela para dançar. Depois de sua breve apresentação, o garoto permaneceu ao seu lado, monitorando as conversas, e mais parecia o seu segurança.

Certa noite com o amigo Júlio, caminhando pela rua central da cidade, ao passar pelo tradicional Café Pilão, notei a presença, até então desapercebida, da atriz Vanja Orico. Cutuquei o amigo e chegamos até lá. Após nosso assédio e o contato totalmente realizado foi se juntando pessoas e então a convencemos a cantar. A primeira estrela a personificar Maria Bonita em o "Rei do Cangaço" e laureada em Cannes cedeu aos nossos apelos. O espetáculo improvisado foi realizado ali na calçada. Ela só não gostou quando o Júlio pediu num gesto de ímpeto momentâneo: "La Bamba!". Disse que pelo seu sentimento nacionalista só cantava músicas brasileiras. Esse respeito nacional também estava enraizado profundamente no coração do meu avô, o capitão Plínio. Em uma de suas visitas a nossa casa, num domingo logo após a missa da Basílica, ainda descendo sua escadaria, deparou-se com uma banda entoando o Hino Nacional. Imediatamente meu avô se postou em posição de sentido e colocou a mão direita no lado esquerdo do peito. Alguém que estava ao redor, próximo a ele, comentou: "Veja, aquele homem deve ser militar!". Quando terminou a execução, ele se dirigiu a esta pessoa e falou: "Eu não sou militar, apenas sou brasileiro!"

Ao lado da igreja Basílica de Nossa Senhora da Conceição de Aparecida ficava a moradia dos padres e algumas vezes lá assistimos filmes de cunho religioso. Havia um frei, de uma simplicidade franciscana, de barba longa e sandálias com pés à mostra, que passei a conhecer e apreciar quando se dispôs a ensinar-me latim. Ficamos amigos e ele dizia que gostaria de num futuro próximo também me ensinar alemão. Ensinava-me com a mesma disposição, carinho e humildade com que realizava as tarefas gerais na paróquia. Ali fiz minha primeira comunhão. Algumas vezes, nos dias quentes de verão, como as portas da igreja estavam sempre abertas, para lá eu me dirigia. A paz e a espiritualidade, o aroma e o frescor do local me faziam bem. Apreciava cada detalhe de sua arquitetura, as pinturas, as escritas em latim e cada imagem. Outras vezes era o som do órgão que me absorvia a atenção. Num desses dias solitário, notei saindo do confessionário uma mulher esguia toda de branco e véu cobrindo-lhe a cabeça. Dirigiu-se ao altar e ajoelhou. No trajeto ela olhou-me discretamente com seus olhos de um azul celestial. Loura, estatura alta e pescoço levemente alongado formando um exuberante conjunto. Aquele sorriso tão breve e meigo penetrou os meus olhos e se instalou no meu coração.

Poderia naquele momento chamá-la de Gioconda em versão loura. Saí e permaneci parado no topo da escadaria. Que visão! Seria real?

Novamente abalava-me o fato de achar aquele um pensamento incorreto, doentio. Afinal eu era uma criança já de uma estatura avantajada e gosto diferenciado dos outros, apesar de não deixar transparecer, mas um garoto. A mulher aparentava idade em torno dos vinte e cinco anos, talvez mais. Nisso eis que ela surge saindo pela porta central e para a minha surpresa vindo em minha direção. Foi então que pela primeira vez ouvi a voz que me perguntou docemente, quase sussurrando, se eu poderia ensinar-lhe onde ficava certa fábrica de refrigerantes, nos arredores. Seu sotaque parecia carioca e percebi que ela não estava a pé por aquelas bandas, pois segurava em uma das mãos um terço e na outra a chave de um carro. Já sem o véu, o seu cabelo loiro e longo combinava com o resto. Antes que eu desse qualquer resposta ela puxou a alça da bolsa depositada em seu ombro, abriu, guardou o terço, retirou seus óculos escuros e os colocou no rosto. Apesar de cobrir os seus lindos olhos continuava bela, mas compreendi que a forte luminosidade solar podia estar afetando a sua visão. Então respondi que onde ela desejava ir estava perto e me dispus a acompanhá-la até lá. Descemos a escadaria lentamente e receei que do alto daqueles sapatos pudesse perder o equilíbrio. Senti sua mão apoiando no meu ombro.

Ao chegarmos, parou, perguntou o meu nome, estendeu a mão direita, que toquei num gesto de cumprimento, e revelou o seu nome: Marina. Disse a ela que não gostava de ser Benedito. Ela retrucou que o importante era o ser dentro de nós e naqueles poucos instantes de conhecimento já havia simpatizado comigo. Ruborizado pensei ter encontrado nova amiga, apesar de ainda achar estranho a discrepância de idade que não atrevi a perguntar. Já mais à vontade contei-lhe pelo caminho que acreditava ter este nome em razão duma promessa de minha mãe. Antes de eu nascer, em outra gestação ela havia perdido o feto. Além do mais havia o doutor Benedito, médico e correligionário político de meu avô, pai da minha mãe. Meu pai queria anexar Espinosa em consideração ao filósofo. Ela sorriu. Mas a minha mãe completou com Aurélio em concordância com o meu pai. Ela respondeu: "Vou chamá-lo somente de Benedito Aurélio". Quando chegamos ao lugar, ela entrou no escritório e eu ainda com o lado puro de moleque profundamente vivo dentro de mim, atravessei um gramado em direção ao latão onde queimavam as tampinhas premiadas. Sabia que ali existiriam várias que poderiam ser usadas, pois juntando cinco trocávamos por personagens plásticos e em miniatura do fantasioso mundo de Walt Disney. Era uma coleção de pequenos bonecos em várias cores. Enchi os bolsos! Não questionei o que ela fora fazer lá. Naquele instante o meu lado que habitava a "Terra do Nunca" se instalou e a preocupação foi outra.

Ao sair, voltei a acompanhá-la e desta feita a conversa se estendeu para onde eu morava, o que eu fazia e o que pretendia ser. Enfim chegamos até o seu carro, Aero Willis branco, que ficara perto da praça. Ela quis me retribuir de alguma forma a gentileza e se ofereceu para levar-me em casa. Não aceitei, pois morava perto e sabia que não me sentiria bem chegando daquela forma. Num gesto de carinho ela pegou na minha mão e envolveu-a com as suas. Então percebi que ela era casada, pois havia uma aliança além de um anel cravejado de diamantes no outro dedo. Sorriu novamente e disse ao acaso que em algumas tardes gostava de ir até a represa municipal para observar a natureza. Assim, sem saber que ali o destino traçava um ponto de partida para uma relação terna e sincera, nos separamos pela primeira vez com a sensação de que ainda tínhamos muito a falar e a fazer. De minha parte, não me achava preparado para tanto, mas a imaginação não determinava limites.

Estávamos vivendo as férias do meio do ano. Eu já tinha recebido a carteira do Centro Estudantil Rui Barbosa e naquela noite descemos para o cinema com a turma. Por ser estudante pagava meio ingresso. Geralmente quando nos reuníamos algo de extraordinário ocorria. Sobre o acontecido à tarde resolvi não revelar a ninguém. Somente confidenciei ao Rusti, pois era óbvia a sua discrição. Nosso amigo Jorge, que sempre vinha sem dinheiro, recorria ao Icão na tentativa de pagar seu ingresso. Ele respondia: "Ah, moleque, eu não tenho filho desse tamanho, não!". Acontece que neste dia o Icão estava carregando dois ovos nos bolsos para durante o transcorrer do filme atirar na platéia. Vendo que ia ficar para fora, o Jorge esperou o outro amigo se postar em frente ao bilheteiro e então bateu as mãos nos bolsos do outro, perguntando o que havia lá. Os ovos estouraram sujando toda a sua calça e o bilheteiro então percebeu que estava diante do misterioso e procurado atirador de ovos. Felizmente a penalidade foi somente não deixá-lo entrar.

O pai do Jorge tinha certa semelhança com o personagem "Amigo da Onça" e era dessa forma que o Icão retrucava quando não fazia alusões maldosas à constante presença de sua mãe na igreja e o chamava de filho do padre. Às sextas-feiras à noite, no cine Boa Vista, havia apresentação de um filme e um seriado na seqüência. Na matinê de domingo também, mas o nosso dia predileto era a sexta-feira. Uma noite durante a exibição do filme, um menino retirou do bolso um barbantinho e discretamente o queimou, o conhecido "peido de véia" ou barbante cheiroso. Passados alguns segundos, e com o cinema cheio, levantou aquele cheiro podre. Não era um peido, mas uma massa volumosa recolhida e solta de uma só vez, que provocou uma debandada geral.

Num determinado dia da semana nos reuníamos no bar do português à espera do doceiro. Eram bombocados e quem os fabricava saía em camionete estilo furreca coberta com uma lona na carroceria. Depositados num cesto grande, os doces se amontoavam à nossa espera. Após comercializar ali no bar, ao sair em marcha muito lenta, sem que se desse conta, nos jogávamos dentro da carroceria da furreca e lá nos fartávamos. Com espírito de companheirismo trazíamos alguns para quem não conseguia entrar. O mesmo era feito nos caminhões da empresa Confiança que transportavam latas de bolachas e outras guloseinas. Com veículos melhores e mais velozes essa tarefa era para poucos, geralmente para o Jorge ou o Italiano com suas bicicletas. Eles sempre conseguiam pegar latas grandes de bolachas, quando não engradados nos caminhões de refrigerantes. Havia muitas vendas pelas imediações e numa delas a família de um amigo nosso comprava com o uso da saudosa caderneta. Próximo à Santa Casa e ao colégio Santo Antônio, este estabelecimento invariavelmente recebia a presença de algumas freiras ou médicos. Num dia de muito movimento o proprietário da venda se preocupou, pois notou a vinda desse nosso amigo que era conhecido como "boca suja". O garoto se aproximou e pediu discretamente um rolo de papel higiênico. Prontamente foi atendido e logo saiu, mas ainda atrás do balcão o vendedor, aliviado pelo bom comportamento do menino, perguntou: "É para botar na conta?". Já tendo passado pelos fregueses e saindo na porta, ele virou e respondeu alto e claro: "Não, é para limpar o cu!".

Nos sábados, à tarde, fazíamos guarda, cada um que tinha bicicleta ia à frente da igreja Basílica. Terminado o primeiro casamento, um de nós ia até o local da festa e, após a avaliação feita, voltava. Nisso, o segundo casamento terminado já havia sido seguido por outro garoto que fazia o mesmo. Por fim havia uma reunião e decidíamos em qual festa penetrar. Numa destas festas fui interpelado por uma senhora idosa quando saía disfarçadamente com uma travessa cheia de salgados. Ela confundiu-me com o filho de alguém que conhecia e eu tive que disfarçar concordando com algumas colocações suas. A molecada adorou a cena teatral porque além do mais eu saí com o troféu, no qual todos se serviram fartamente.

Acima do nosso pedaço ficava um local denominado "Mangueirinha". Lá existia outro grupo de garotos. Havia entre nós uma pequena rivalidade que não chegava a ser danosa. Por perto uma igreja evangélica denominada Tenda, da qual nunca mais ouvi qualquer referência e nem de seus seguidores, tendeiros, que se abstinham de muitos bens materiais. Conheci um deles, casado com uma bela mulher, cujo olhar picante de desejos transparecia a inquietação inconformada de viver naquela privação. Tenho certeza que, pelo modo que ela me olhava, eles não ficaram juntos por muito tempo. Deve ter buscado aquela satisfação enrustida aqui mesmo na terra. Entre a molecada corria uma frase que supostamente era dita entre os fiéis quando do momento do recolhimento do dízimo: "Quem tem põe, quem não tem tira!" Talvez por isso, com mais saques do que depósitos, a seita não progrediu.

Mais acima já iniciava a zona do meretrício. Às vezes para lá nos dirigíamos. Eram muitas casas, dentre elas, uma das mais conhecida era a da Dalva, freqüentada por mulheres bonitas e caras. A turma ia, mais amiúde, na casa da Izabelona. Negra, alta, forte, espalhafatosa e toda empetecada. Lá passamos por algumas peripécias interessantes tal qual no dia em que eu e outro amigo pulamos o muro e fomos observar o movimento através de uma fresta na janela. Era uma turma de homens e mulheres. Observamos que os outros cômodos estavam vazios e as roupas estavam distantes. Entramos sem ser notados e carregamos a roupa para a rua. Logo em seguida começamos, de longe, a atirar pedras na janela e a gritar "polícia". Houve um alvoroço lá dentro e logo os primeiros furtados surgiram nus lá na frente. Perceberam que era molecagem, pegaram as roupas e voltaram. Nós saímos rápido dali. Quando a casa era "fechada" para alguma festa, um de nós ia até o relógio da energia que ficava para fora e removia o fusível e depois saíamos na noite desembestados se escondendo por onde desse. O meu maior medo, até então, foi quando após um ataque destes, e já escondido no meio da relva mais alta, surgiu a cavalaria. Passaram por mim, ali estendido no chão, quase sem respirar e imóvel, e por pouco não fui pisoteado. Também fugimos de balas em uma certa ocasião.

O Icão, num certo dia, foi ao cinema comigo e o filme apresentava no enredo um negro que se apaixonava por uma branca. Logo após, a turma toda vinha caminhando por aquelas ruas empoeiradas por falta de calçamento quando veio à tona o assunto do filme. O Icão olhando para mim falou bem alto, em seu discurso racista: "Eu não falo? O filme mostrou que negro só faz coisa que não presta!". Acontece que nesse momento, cruzando com a gente, passava um homem negro, forte, carregando uma abóbora nas mãos. Quando a palavra final da frase foi dita, os dois se entreolharam. Um com um ar de sem graça e o outro com o ódio aflorando, fazendo sair fogo pelas ventas, já colocando a abóbora no chão e repetindo: "Vocês vão ver molecada!". E meteu a mão na cintura. O esparramo foi grande. Não ficou um para tentar dialogar com o homem. Só ouvimos os disparos e por sorte ninguém se machucou. As pernas impediram que a tragédia se consumasse.

As "bichas" sempre estavam por lá e existiam muitas. Nós as respeitávamos e tínhamos o respeito delas. Uma das mais folclóricas, loura e musculosa, em certa ocasião veio me dizer que uma outra curtia enorme paixão por mim. Também loura e afamada, por cognome de famosa atriz francesa, foi segura pela parceira, pois iria me agarrar para beijar. Ainda bem que o fato não ocorreu, pois estávamos na frente do cine São Paulo e a casa de chá Luar de Agosto, ao lado, lotada de pessoas. O interessante é que eu só pressenti que algo havia ocorrido quando as duas se afastaram abraçadas. Teria me pego desprevenido, mas a outra tinha bom senso e não permitiu a impulsividade da companheira. Freqüentemente um deles parava para conversar conosco, certa vez, quando conversávamos com um deles, numa roda com amigos no QG da Turma do Asfaltinho, surgiu o carro da polícia fazendo a ronda. Afinal ali morava o deputado e, apesar dos tempos serem outros, o lugar merecia uma maior atenção das autoridades. Eu disparei a correr e me escondi. Voltei quando percebi que os meganhas haviam se retirado e, é óbvio, que indagaram o porquê da minha fuga. A bicha, que tinha moral com os homens, contornou a situação e quando voltei me repreendeu pelo ato. Voltando à "casa de tolerância", eu não abusava da hospitalidade. Aliás, nenhum de nós. Compreendíamos que as mulheres que lá residiam tinham uma meta a cumprir e que não poderíamos ajudá-las nisto, pois não tínhamos dinheiro. De qualquer forma, pensando bem, hoje, sinto saudade, convencido de que compartilhamos de um clima saudável.

As ruas da zona do meretrício eram poeirentas, mas não totalmente escuras, pela variedade de luzes coloridas em vermelho, verde e azul. O vai-e-vem de homens, se cruzando e a abordagem das raparigas faziam daquele pedaço um mundo à parte se escondendo na fantasia de uma falsa alegria. "Oi bem, paga uma cerveja? Vamos botar carne no pastel? Querido, vamos fazer nenê?". As rédeas da vida colocadas de maneiras diferentes. Aliás, tratava-se de uma opção de sobrevivência. Como num comércio qualquer valia a lei da oferta e procura. O Júlio chorava de rir quando fazia alusão de que elas seguiam a tabela da SUNAB. Um mundo mágico de ilusões para uns, auto-afirmação para outros e a forma de se manterem parcialmente vivas para elas. Uma das vezes em que lá cheguei no final de uma tarde, num dia de pouco movimento, presenciei, em uma daquelas casas, uma cena chocante. Uma das prostitutas que engravidara recentemente buscou a solução de retirar o feto com a ajuda de uma curiosa. Além das famosas "garrafadas", elas introduziam agulhas de tricô vagina adentro para provocarem o aborto e naquele instante a situação quis fugir do controle diante de uma hemorragia ameaçadora que mereceu a presença discreta de um médico no local.

Conheci uma que se chamava Dirce, nome verdadeiro, não "de guerra", que só revelou a mim. Num clima de baixa temporada, ou quando o tempo era disponível e não havia perdas financeiras, abria-se exceção para uma reflexão mais profunda da alma; conversávamos. Dizia ela que ainda criança, de seus doze anos, notava sempre o olhar de um tio que por longo tempo a teve na marcação. Procurava estar sempre por perto e na medida do possível investia em brincadeiras que culminavam em contato pessoal, repudiado por ela. Ela era sempre alvo de elogios e presentes por parte dele. Confessou que aquilo a desagradava, pois possuía mais irmãos que não tinham o mesmo tratamento. Eram muito pobres e com a doença cardíaca de um deles e, ao mesmo tempo, com desespero e conformismo da família perante os seus recursos, o tio chamou-a isoladamente e propôs uma solução. Ele, com certa condição de posse, ajudaria no tratamento em troca de um pequeno favor por parte dela, mas aquilo ficaria somente entre eles. Dessa forma, ele a induziu, sem que ninguém percebesse, para um local ermo e abusou de todas as formas inimagináveis da garota. Depois desapareceu, roubando dela e levando com ele mais que a esperança da cura do irmão; ela teve então duas perdas, sendo a mais amarga o falecimento do garoto.

A menina cedo veio conhecer a mentira do adulto, tão diferente da mentira da criança. Ela engravidou diante da perplexidade da família e sem crédito não conseguiu convencer a respeito da história do marido de sua tia. Já com seus quinze anos, experimentou a realidade dolorosa de um sonho puro de brincadeira de boneca levado à realidade. Veio a segregação imposta pelo pai. Dali para se afastar de casa só havia uma tênue linha e, num primeiro saltitar de brincadeira de amarelinha, já estava deste outro lado da vida. Nunca consegui me relacionar fisicamente com ela. E, aprendi sobre outros aspectos da vida, tirando daí lições que me ajudaram a formar uma opinião mais consistente da personalidade humana. De uma forma até exagerada, contava a ela os meus pequenos desgostos para tentar minimizar a dor que achava incomensurável pela qual passara. Sim, aproveitei-me desta relação, vi que o amor não era aquela sensação de desejo, de contato carnal, mas algo infinitamente puro que habita a nossa alma. Notei que este sentimento é único e possui várias formas de canalização.O seu filho era criado pelos avós, à distância, e daquilo que ganhava guardava um pouco para ele. Este foi o principal aprendizado, que das piores situações podemos buscar sempre algo de bom.

Naquela mente, naquela alma, naquele coração esmigalhado e obrigando o corpo a viver uma farsa, havia espaço para um sonho, a esperança de se aproximar novamente da pureza. Sem saber como, procurava aconselhá-la a buscar um modo de se libertar daquela condição. Tentava melhorar seu linguajar, seus modos, sua aritmética, enfim, elevar o seu amor-próprio. Levei-lhe livros, revistas e jornais, e ela revelou que para vencer instantes de sonolência tomava café sem açúcar e uma garrafa pequena de refrigerante. Senti que de certa forma isso a mantinha viva e com forças para lutar. Ela sempre repetia que eu era a única pessoa que nela acreditava e que o carinho que nutria por mim a impediria de uma despedida pessoal quando o momento de partir chegasse, quando o desejo de liberdade e o sentimento de coragem fosse maior que o medo e a dor que a aprisionava. Neste dia, insistia, não saberia como me olhar, abraçar e dizer um até logo. E assim aconteceu. Um dia cheguei e ela já não estava. Nunca mais a vi e nem notícias tive. Ela deixou para trás, para me ser entregue por uma de suas colegas, uma fita para cabelo, que eu sempre dizia ficar bem nela. Recomendou que se encontrasse alguém pela qual nutrisse um sentimento tão forte de carinho e de confiança, poderia passar adiante a fita, pois assim formaríamos eternamente uma corrente. Entendi que aquilo era simbólico, o importante era o revezamento daquele tipo de afeto. Parece que ela tinha certeza do que o futuro me reservava. Coloquei a fita numa pequena caixa e guardei-a secretamente num dos meus esconderijos. Assim encarei aquela fita como um troféu, um marco do apogeu de uma relação saudável. Não houve choro, sensação de perda, apenas um avanço, uma transformação que nos melhorou a alma. Dessa forma nossos destinos continuaram.

Sábados à tarde, nós da Turma do Asfaltinho, nos reuníamos no terreno defronte ao colégio São Luiz para jogar bola. Outras vezes íamos mais além no campo da cruzada, perto da cavalaria, que era maior. Ali a gente organizava e disputava muitos campeonatos. A caracterização de Turma do Asfaltinho veio a ser selada quando o filho do deputado ganhou do seu pai um jogo de camisa branca com uma larga lista negra colocada transversalmente na parte da frente, descendo da esquerda para a direita. Os sábados à tarde eram aproveitados nas férias pois, no período letivo, havia aulas neste dia da semana, exceto para os que estudavam à noite.

Nessa época, ainda era muito usada a charrete, como meio de transporte. O padeiro que nos visitava diariamente trazendo o pão corneta anunciava a sua presença tocando a buzina do alto de seu imponente veículo, a charrete. Havia ainda as de aluguel, muito usadas tanto pelas raparigas e por alguns velhos senhores, orientados pela tradição. Assim se comportava o velho pai de uma distinta figura da sociedade, quando às noites saía à procura da sua amigada. As madames, donas das casas, desfilavam pelas ruas em condução mais diferenciada. Sempre que por nosso território passavam de táxi, no banco traseiro de Simcas ou de Aero Willis, nos mandavam beijos ou abanos de mão. Perto de nós morava o oveiro que possuía uma carroça tracionada por uma égua. Como disse, não abusávamos da amizade das raparigas, pois estávamos sempre com pouco dinheiro, e preferíamos gastar de outras formas. A solução dada para extravasar os instintos sexuais aflorando na raiz da adolescência por aqueles garotos eram alguns inocentes animais como galinhas, porcas e éguas. Também não me atraia tais condutas. Preferia isolar-me nos meus refúgios, onde guardava as fotos das estrelas e descarregava materialmente passeando por um sonho que possibilitava a condição de ser sempre diferente. Não percebia que aqui também já era esmagada paulatinamente a síndrome de Peter Pan.

Outra travessura desta época dava-se na estrada de ferro. Vez ou outra tomávamos o trem na estação central e descíamos na estação de Rio Preto Paulista, durante o dia, retornando a pé para casa. Um dia desses não consegui me juntar à turma que foi fazer o passeio costumeiro. Exatamente nesse dia o trem não parou na estação de Rio Preto Paulista, passou a toda velocidade e não havia como pular. Para desespero da turma isso significaria ser pego pelo cobrador de bilhetes. Aí o pavor redobrava, porque qual seria a sua atitude? Não sabíamos, nunca havíamos sido pegos. E tal aconteceu. Mas, menos pior foi o castigo que tiveram de fazer: o percurso de volta a pé tendo descido na cidade de Mirassol. Para os que ousavam fazer essa aventura no trem noturno, os riscos seriam maiores. Numa dessas, o Icão, o Ernesto e o Nado embarcaram e sem problemas desceram, quase que normalmente. Quase porque o trem havia diminuído a velocidade, mas não parado e eles resolveram sair das escadas do vagão para o chão irregular. O Ernesto despencou e bateu o braço num trilho. Por sorte não rolou por sob o comboio, mas quebrou o braço deixando os outros dois assustados. Como explicar? Caminharam um pedaço e localizaram exatamente uma charrete de aluguel. Pediram auxílio e os levaram para casa. O Ernesto e o Nado sei que cumpriram castigo por um bom tempo. Tantas aventuras ainda não eram suficientes para amainar a curiosidade. Por onde estaria a Marina? Eu a veria novamente?

Do alto de uma de minhas árvores favoritas, a goiabeira, no que seria o meu galho predileto, eu avistava por cima dos telhados um pedacinho da represa municipal. Ficava imaginando o que ela me dissera e, disposto a encontrá-la no dia seguinte, resolvi ir até lá. O Toninho e o Cucão foram comigo, pois os encontrei a caminho. Pensei que assim acompanhado teria um álibi mais convincente e parecido com algo não programado, apesar de que deixaria de ser segredo. O Rusti também foi conosco.Enquanto os dois batiam peneira para povoarmos o tanque de água lá de casa com peixes, o cachorro, mais abaixo, se deliciava na água. Fiquei numa espécie de mirante ao lado de alguns degraus por onde escorria água numa cascata suave. Estava só e resolvi sentar num daqueles degraus mais ao meio. Transpus o muro e lá fiquei a olhar e a pensar. Repentinamente senti uma sensação de incômodo como se estivesse na mira de alguém. Olhei ao redor e nada. Entretanto quando virei para trás, num gesto instintivo e rápido, me atirei para baixo. Era uma cobra jararaca no ponto para me dar o bote. Ainda assustado percebi que chegara um pescador e dera-lhe com uma vara, atirando-a na água. Por esse dia a minha cota de emoção estava completa e desapontado chamei o meu cachorro Rusti e os dois companheiros e fomos embora.

Nas noites em que a Turma do Asfaltinho se reunia, uma brincadeira era escolhida e todos a ele se entregavam incondicionalmente. As opções eram muitas e flutuávamos de uma para outra quase sem critério algum: salva-pega, cachuleta, cruzada, balança-caixão, betia, cu de boi e campeonato de duplas. As duas últimas eram variantes do insuperável futebol. No campeonato de duplas, eram sempre dois contra dois. Enquanto dois defendiam a meta, um dos oponentes ia chutar de um determinado ponto fixo. O intuito era marcar no primeiro tiro. Cada componente da dupla dava três chutes antes de revezar as posições. Se desse rebote, o que não estava chutando tentava aproveitar e fazíamos uma disputa de dois contra um que saía e o outro ficava para defender. Havia também a cobrança de escanteio quando do desvio para fora de um dos defensores. Na penúltima brincadeira citada era designado um goleiro que mandava a bola para o meio do bando de garotos. Era cada um por si e quem ia fazendo gol escolhia alguém para se retirar do jogo, e o primeiro a sair seria o goleiro na próxima rodada. Ganhava quem sobrava no final e, via de regra, havia janela com vidro quebrado. Sem contar o barulho e por isso, às vezes, alguém convocava a presença do jipe da rádio Patrulha (Rapa).

Quando a viatura parava, alguns velhos conhecidos, sem que ninguém dissesse nada, baixavam a cabeça e se dirigiam para lá. Os soldados abriam a porta, que ficava atrás, e eles se acomodavam nos bancos. Então, com a porta sendo trancada, partiam com destino à delegacia. Ouviam os costumeiros sermões e eram liberados. O interessante é que sempre que a lei avança alguns passos no seu rigor, irracional, a injustiça adianta quilômetros e devolve indivíduos marcados que se colocarão léguas de distância da inocência. Os frutos que se colhem dessas atitudes são cada vez maiores, mais abundantes e mais amargos. E o sistema cada vez mais se aprimora formando com galhardia esses bacharéis da desgraça que terminam também por serem atingidos de uma forma ou de outra.

Na escola, principalmente quando não tínhamos alguma aula, ou nos intervalos, fazíamos uma roda gigante de garotos. Um deles ia no centro, colocava uma garrafa de refrigerante vazia e voltava ao seu lugar no círculo após imprimir à mesma um movimento giratório. Para quem apontasse a boca da garrafa quando parava de girar todos corriam em sua direção e enchia-o de tapas. Certa noite caminhava descontraidamente batendo a bola no chão quando, de repente, para minha surpresa, deparei com um soldado que ficou com ela. Fiquei paralisado, mas por sorte a esposa do nobre político, que sempre implicava com a gente, dessa vez desceu as escadas de sua casa e veio até o local e, mais espantado ainda fiquei quando ela se dirigiu ao soldado, pediu para que ele devolvesse o brinquedo. Por essa eu escapei pelo ato de benevolência da dama e os policiais se retiraram sem nada falar ou fazer. De outra vez eles me cercaram na rua. Eu, criança, cercado por dois marmanjos investidos de autoridade lapidada para isso, fui interpelado do porquê minha calça estar suja de barro. Não sei o que se passava na fértil e patológica mente deles, mas mostrei que aquilo era marca das patas do meu cachorro. Aceitaram e se foram, até hoje penso que naquela hora eles estavam entediados e sem ter o que fazer.

Já passara pela experiência de ter de fazer quatrocentos metros a pé enquanto os meganhas, de viatura, não mais que cem metros. Certa feita, quando comentava fatos como estes com o sapateiro Silvano, obtive dele um de seus preciosos arremates: "Certa vez um homem foi visitar alguém num manicômio. Ao entrar ele deparou com um doente mental que moldava alguma coisa com uma pequena quantia de fezes entre as mãos. Curioso ele se dirigiu ao doente e argüiu o que pretendia com aquilo. A resposta foi rápida e curta: 'Estou fazendo um soldado!'. Momentaneamente satisfeito com a resposta entrou no hospício, mas ficou pensativo com o que ouviu. Na volta lá continuava o louco. Novamente se dirigiu a ele e fez outra pergunta: 'Por que você não faz um general?' A resposta veio mais simples: 'A merda é pouca!'." E filosofando, comentava o Silvano para nós: "Esse exemplo serve para comandante, general, delegado, juiz, caciques, enfim chefes que se acham acima de tudo e de todos". E assim completava: "Meninos, procurem se informar de tudo e o máximo que puderem, pois o saber não ocupa espaço".

No pedaço havia uma barbearia e junto funcionava uma banca de jornais e revistas. Lá era um dos grandes palcos de discussões esportivas e políticas da cidade. Meu pai, sempre presente, manifestava euforicamente seus pensamentos políticos e filosóficos. Citava com freqüência as suas fontes de leitura. Karl Marx, Engels, John Reed, Josué de Castro, Luiz Carlos Prestes, etc. O mundo estava polarizado, a Guerra Fria no auge e Cuba, numa versão tropical e caribenha da revolução bolchevista, se atirava nos braços de Fidel Castro, Ernesto "Che" Guevara e Raul Castro. A revolução popular nesta ilha caribenha da América Central, tendo à frente de seus líderes guerrilheiros, derrotara Batista. Aquela ilha de encantos naturais procurava sair da condição de paraíso do vício nos cassinos e da prostituição, da escória internacional que para lá rumava em busca destes prazeres mundanos. Este sentimento difundido entre outros pelo jornal "Novos Rumos", que circulava sempre em minha casa, se alastrava pelas Américas. Jânio Quadros, eleito recentemente presidente do Brasil, outorgava a "Che" Guevara o mérito da ordem do Cruzeiro do Sul. A vida política ficava cada vez mais acalorada e os meio operário e estudantil fervilhavam. Assim como Pelé e Brigitte Bardot, o astronauta soviético Yuri Gagarin, Valentina e a cadela Laica ganhavam notoriedade pelo mundo afora.

"A Terra é linda, ela é azul!" Eis a expressão simples e curta que se eternizou, mas que no fundo refletia que o mundo estava se tornando cor-de-rosa, caminhando célere a um vermelho iminente, pois se os soviéticos ganhassem a corrida espacial, ficaria a imagem de que seu regime era o melhor. A Manchete, O Cruzeiro e outras revistas retratavam este clima das formas mais variadas possíveis e com as divergências de opiniões de seus articulistas. O rádio exercia o seu importante papel neste período. A televisão, algo tão distante de nós, era produto de consumo de alguns poucos em São Paulo e Rio de Janeiro. A notícia mais rápida era através do rádio que completava por inteiro o nosso cotidiano com cultura e esportes. Fruto desta inquietação estudantil, certa noite, após o aumento dos ingressos nos cinemas houve um levante no meio estudantil. Aquela massa jovem e unida partiu para cima da casa de espetáculos cinematográficos da Rede Curti. Foi uma quebradeira ímpar, mas a locomotiva desse movimento vinha disfarçada no seio desses moços. O torpe motivo era o preço dos ingressos, mas a realidade nua e crua era a mobilização política em busca de novos caminhos a serem trilhados. As elites e seus seguidores, os alienados manipulados por dívidas de favores prestados ou simplesmente os ignorantes que escolhiam o trajeto mais fácil de raciocínio e servilmente se postavam como bajuladores, começavam a se perturbar. Alguns fazendeiros começaram a se armar, esperando uma possível guerra civil. A triagem dos inconvenientes e subversivos começava a ser formada e a lista crescia com o passar do tempo. Iríamos tombar para uma Idade Média com a caça e queima perigosa das bruxas?

O perigo estava no ar, pois qualquer antipatia já era motivo suficiente para uma acusação. E na lista dos acusados entraríamos certamente, mas enquanto a situação permitia ainda o diálogo, nós e muitos outros continuamos a pensar, falar, ler e escrever. Foi neste clima que certo dia, de volta à represa municipal, deparei com a presença isolada, distante e aparentemente indiferente da minha admirada amiga Marina. Pelo tempo que não a via cheguei de mansinho, pois não imaginei que ela se lembraria de mim. Disfarcei e deixei que ela me notasse. Quando pousou o seu olhar azul sobre mim lembro-me perfeitamente de suas palavras: "Benedito Aurélio".

Estava só e senti que uma felicidade singular penetrou em mim. Tão bela quanto a primeira vez que a vi. Fiquei mudo por alguns instantes, mas o meu olhar dizia tudo daquele estado que se apoderou de mim. Sentindo confiança naquele elo que se formou, retruquei: "Pensei que você não lembrasse mais de mim! Mas pelo modo que falou, tenho certeza que você não me esqueceu. Você é a única pessoa que me chama assim, Marina". Então, dessa vez ela me abraçou. Seu perfume e suavidade eram inigualáveis. Senti que ali o mundo parou em nós, mas o tempo não. Notei que de seus olhos brotaram duas gotas brilhantes como orvalho. Preferi não questionar. Ela em sua fala aveludada revelou que realmente não esquecera de nosso primeiro encontro. Continuou dizendo que se identificava muito com paisagens onde havia água. Complementei dizendo que quando viajava nas jardineiras acompanhando minha mãe gostava de ir no banco ao lado da janela para observar rios e lagoas. Voltei a conversa para aquele dia passado na Basílica, quando a conheci. Comentei de minhas preferências artísticas e o porquê de eu estar ali. Ela achou incomum principalmente quando revelei que acabara de completar treze anos. Disse-me que as prioridades de um garoto com esta idade geralmente seriam outras. Quis dizer alheio à cultura e busca de informações. Outro dado que a impressionou foi o meu interesse pela política. Do que lia e ouvia formava as minhas opiniões, mas continuava sempre atento deixando uma abertura para revisões e reformulações.

Passamos horas ali e percebi que me entreguei totalmente tornando esse encontro quase um monólogo, pois falei bastante sobre mim, minha família, meus gostos e costumes. Lembro-me que não deixei de citar o quanto gostava dos sonhos que eram vendidos na padaria Nosso Pão e no bar do espanhol, anexo ao cine Boa Vista. Não aventurei argüir nada dela naqueles momentos, pois não senti importância nisso. Ela convidou-me para caminharmos até o carro que havia deixado lá perto. Desta vez insistiu em levar-me até perto de minha casa e como era tarde e longe não hesitei em aceitar. O interessante é que nas minhas inconseqüentes atitudes, sem pensar, encaminhei para a porta de trás chegando a pegar na maçaneta. Foi quando em tom de brincadeira, sorridente e solta na leveza de seus atos falou: "Escuta, você pensa que eu vou servir de motorista particular para você? O carro não tem chapa vermelha! Você é meu cúmplice e vai sentar ao meu lado". A esta altura já estávamos quase íntimos. Sorri, entrei e me acomodei no banco da frente. No trajeto expressei que não alimentava vontade alguma em aprender dirigir. "Quem sabe um dia destes eu tiro algumas horas e lhe ensino a dirigir mesmo contra a sua vontade? Pelo menos alguma noção você terá e ademais já que você disse que será médico, terá que aprender". Foi sua resposta. "Mas e se eu atropelar alguém ou algum animal? Já lhe disse que gosto muito de animais?". "Benedito Aurélio, você acha que se alguém estiver dirigindo para você e atropelar, seja lá quem for, com a sua índole você transportaria essa possível culpa para ele? Não acredito!". Concordei com ela e, neste ínterim, a orientando pedi que ela me deixasse quase no cruzamento das Ruas Presciliano Pinto e Tiradentes. Na despedida, segurando a minha mão, beijou-me na testa e curiosamente me agradeceu. Aqueles gestos me deixaram sem palavras. Disse que tinha algo guardado para mim e que outro dia iria entregar-me.

Eu já havia voltado às aulas que ocupavam as tardes. Então ela pediu que a esperasse naquele mesmo local no segundo domingo após esse dia, depois das duas horas da tarde. Como não era freguês constante das matinês, concordei. No meio do quarteirão para trás ficava a venda do seu Antônio. Na esquina a farmácia do seu João Lisboa, numa das pontas, o fotógrafo onde eu sempre parava para apreciar a exposição de fotos e, na outra, o bar do seu Abel. Subindo por ali passava eu pelo cinema, olhava os cartazes e na esquina de cima ficava outra farmácia, do seu Magalhães, cujo filho era um de meus companheiros. Mais meio quarteirão e lá estava eu em casa. Ao chegar assobiava para o Rusti que quando não estava no portão vinha fazendo enorme festa. Chamavam atenção de todos as duas enormes antenas em casa. Numa delas, a da frente, no topo ficava um cata-vento que informava a localização da massa de ar que era passada para as aeronaves. Com as letras N, S, E e W, nas posições corretas e moldadas em ferro, sabia-se a direção do vento. Naquela rua, Tiradentes, número 2157, fixou-se a estação de rádio da Real Aerovias do Brasil que, anos depois, passou a ser da Varig.

De Lineu Gomes a Rubem Berta. Ali havia sempre o rodízio de radiotelegrafistas, portanto um lugar sempre bem movimentado. Um atendente de telefone, número 2630, fechava o quadro sob a supervisão de meu pai. Algumas noites em que era ligado, o rádio-farol deixou aquele sinal sonoro inesquecível em minha memória. Alguns empregados iam trabalhar de bicicleta. Sempre que podia solicitava de um deles a permissão para algumas voltas no corredor lateral de casa que terminava na garagem onde ficava o motor a diesel que alimentava os aparelhos quando faltava energia elétrica. Sempre considerei lar onde a família estava, mas ali naquela casa nos completávamos. A nossa casa era inconfundível. Por perto morava e trabalhava o meu primeiro dentista e eu achava um suplício quando a minha mãe cismava de levar-me para tratamento. Sempre tive pavor daquele zumbido vindo de uma broca a esburacar o meu dente. Este período era um martírio, chegava e, enquanto aguardava sentado na varanda, ficava a ler alguma revista lá exposta. Vez ou outra a mulher dele passava por ali trajando um short curto para a época, o que me chamava naturalmente a atenção, disfarçadamente presumo. Mas flagrei algumas discussões entre eles, percebendo que ele não gostava do comportamento dela. Ele sempre trabalhava de rádio ligado e ainda estão em minha memória as músicas e propagandas da época. Pressentia que aquele ciúme se referia a mim e cheguei a ter quase certeza quando, uma vez, ele disse com certa malícia que eu teria muito sucesso na vida, pois era muito bom de saliva.

A Turma do Asfaltinho tinha um assobio peculiar que acusava o chamado, quatro notas. Das figuras pitorescas do pedaço, havia um muito desligado que não pertencia ao nosso clã, pois era muito mais velho e chegado numa cachaça. Em certa ocasião, no funeral de um descendente japonês, o convencemos que ali estava se comemorando a festa de um casamento. Sem pestanejar ele adentrou e descambou a dar parabéns a quem pela frente encontrasse perguntando pelos noivos. De outra vez invertemos a situação, numa festa de um casamento, que pensava ser um velório, despejou pêsames e condolências até chegar aos noivos. Eles estranharam aquela figura que ali presente parecia profetizar o azar de um deles pela escolha. Também, na altura que ele sempre se mantinha, mal percebia as suas gafes e nem o embaraço que criava. Coitado, ele não criava, a imaginação era nossa e ele era apenas manipulado. Numa das vezes derrubou um prato e a partir daí ficou conhecido como "Paga o Prato". Então não quis mais envolvimento conosco e se irritava com nossa presença, principalmente quando o chamávamos pelo apelido.

Numa outra investida contra um chato convencido, metido a atleta e intruso na área, estudamos bem a situação para desmoralizá-lo. Morava a alguns quarteirões dali. De início desfilava com um Simca vermelho, fazendo graça para as garotas da rua. Seu alvo era uma forasteira que passava alguns dias numa das casas próximas, vinda de outra cidade. Fabricamos um artefato com um acabamento impecável, semelhante a um monte de merda. Colocamos na frente do portão da casa dele quando sabíamos que por lá estaria. A uma certa distância deixamos que nos visse. Percebendo o troço no seu caminho e nos vendo iniciou sua cena ridícula de gestos e palavrões. Voltou e pegou uma mangueira d'água. Mas antes que ele chegasse, um de nós correu na frente, pegou a imitação de merda e juntos corremos dando gargalhadas. Ficou com cara de idiota. Dias depois, local e horário estrategicamente estudados, confirmamos a aparição do galã na área. Vinha quando sabia que a garota alvo de sua cobiça sairia na frente. Desta vez transportamos um artefato orgânico genuíno, bem confeccionado, bem calibrado, uma obra de arte intestinal. Tivemos que suportar o odor, mas valeria a pena. Depositamos o "Cavalo de Tróia" excrementado no primeiro degrau da residência da bela. E lá vinha ele com sua pose de galã suburbano. Ao perceber que a moça voltara para dentro, já com a mão no nariz, e presente os mesmos expectadores da cena de sua casa, exclamou: "Eu não sou tonto, moleques!". Avançou e encheu a mão. Chorando de rir, iniciamos a fuga a toda velocidade. O idiota tentou nos perseguir, mas logo levou um tombo. Passou por ridículo e somente horas mais tarde nos atrevemos a checar o local, quando o seu carro já não estava parado lá. Nunca mais este indivíduo perturbou nosso território.

Estávamos sempre alerta para não sermos pegos por ele em outras bandas. Não esqueci, e chegado o domingo que minha amiga secreta Marina combinou, compareci ao local. O Rusti me seguiu, mas não me importei porque afinal das contas não tínhamos segredo um para o outro. Lá estava ela dentro do carro. Aproximei-me e ela pediu que entrasse. Trouxe-me uma caixa cheia de tampinhas premiadas de refrigerante. "Quando de nosso primeiro encontro, enquanto estava no escritório, percebi que você foi ao latão e rapidamente encheu os bolsos com tampas. Juntei algumas para você, esta era a minha surpresa." Ela gostou do meu cachorro, foi carinhosa com ele e ele gentil para com ela. Então convidou para que andássemos a pé. Lenço vermelho sobre os cabelos, blusa e vestido com bolas também vermelhas e óculos escuros diferentes. Sapato de salto médio rosa e com laços. Vagarosamente passamos pela padaria Nosso Pão quando lhe falei de seus deliciosos sonhos, pelo Instituto de Educação, até chegarmos num banco na praça do grupo escolar Ezequiel Ramos. Sempre com suavidade na voz e candura no olhar passou a falar de si.

Nascera na cidade do Rio de Janeiro e estava com vinte e quatro anos. Filha única, oriunda de família de classe média alta, aspirava cursar filosofia apesar de casada há três anos. Seu marido, descendente de uma família mais abastada, pois o pai era comerciante de jóias, estava com trinta e seis anos. O seu nome era Eduardo e relutava em dar continuidade ao ofício do pai, que não aceitava o seu comportamento. Era protegido pela mãe, que mantinha esta situação de mal-estar razoavelmente equilibrada. A vocação dele era Direito, que estava preste a terminar. Conhecera-o em uma festa de amigos comuns e num curto espaço de tempo casaram em uma celebração simples, culminando com a legalização desta união no Uruguai. Isto porque ele já fora casado em primeira núpcia e desquitara. Eles moravam com os pais dele. Isto fazia com que as tensões estivessem sempre afloradas à epiderme. De pensamento socialmente progressista, os dois estavam sempre envolvidos nas agitadas e inflamadas rodas políticas. As famílias toleravam, apesar de não aprovarem, os seus ideais e, pelo exposto, os pais dela eram mais liberais. Ela achava que este comportamento os aproximou e catalisou de forma rápida e precipitada a união. Não era a primeira vez que estava ali em São José do Rio Preto, onde possuía parentes. Veio desta vez para repensar o futuro e reestruturar a vida, projetando mudanças práticas já para o ano vindouro. Já tinha decidido que retomaria os estudos e ingressaria na faculdade. Tinha dúvidas se voltava, ou não, para a casa de seus pais. Essa conversa durou o tempo de irmos de onde partimos até onde estávamos sentados.

Meu cachorro estava sempre à frente de nós e, algumas vezes, retardava o passo. Ficou deitado ali aos nossos pés e, às vezes, era acariciado por ela. Lembro-me que em certo momento, de alguma casa ecoou o som de um piano. Ela perguntou-me se sabia o nome da música que alguém naquele momento bonito tocava sem muito brilho, mas que deixaria uma profunda marca em minha alma. Era a "Barcarola" de Offenbach. Ela surpreendeu-se positivamente diante de minha pronta resposta. Expliquei que esta melodia, contava minha mãe, a fazia recordar do seu tempo de internato no colégio Nossa Senhora do Patrocínio, na cidade de Itu. Com o local quase vazio, ali permanecemos horas falando sobre música e outros assuntos gerais. Revelou-se curiosa quanto ao fato de ter certo dia ido visitar o cemitério da Vila Ercília e ter encontrado inúmeros copos com água em um túmulo. O fato se referia ao acidente aéreo em que dois riopretenses caíram no seio da selva amazônica e sem condições de resgate haviam ironicamente morrido de sede, após dias de suplício, chegaram até a ingerir as próprias urinas. O ritual era uma oferenda em intenção àquelas almas. No retorno ela comentou que estava prestes a voltar ao Rio de Janeiro, mas que antes de seu regresso queria me encontrar novamente para conversarmos. A partir dali a considerei muito íntima e me liguei extrema e afetivamente àquela nova amizade. Agradeci as tampinhas premiadas e novamente, com carinho, beijou a minha testa prometendo estar ali novamente no outro domingo.

Com a noite chegando fui para casa, passando pelo cinema e vendo o cartaz que não me agradou. Filme de produção espanhola com presença de um artista brasileiro, Anselmo Duarte, o que mais me chamava a atenção. O nome "Un rayo de luz". Mas minha mãe havia condicionado a ida de minha irmã ao cinema, com o namorado, à minha companhia também. De bem com a vida fui e lá encontrei grande parte da Turma do Asfaltinho. Sempre com as histórias do Silvano na cabeça, lembrava-me tristemente do relato que fazia sobre a atual situação política na Espanha. Dum passado recente, contara-nos da guerra civil espanhola iniciada em 1936, quando líderes da ala fascista do exército, apoiada pela Itália e Alemanha, se rebelaram contra o governo socialista do presidente Manuel Azanã. Com a omissão da Monarquia, o general Franco assume o poder em 1939, numa Espanha ainda recuperando-se, dividida em duas grandes frentes: Frente Popular (socialistas) e Frente Nacional (fascista). A ascensão das forças fascistas implicou na morte de um milhão de espanhóis numa guerra civil absurda, marcada também pelo distanciamento da França, da Inglaterra e da União Soviética, de regime socialista. O que de belo resultou desta guerra foi o poder da arte contra a violência, manifestado na obra "Guernica", de Pablo Picasso. O general Franco permaneceria no poder até 1975, ano de sua morte.

A artista principal, uma garota de aparentes doze anos, cabelos longos e loiros, e olhos azuis, interpretava, dançava e cantava. Fiquei encantado assim como todos aqueles amigos moleques que assistiram. O interessante é que no momento ninguém se revelou, guardando cada qual para si esse primeiro sentimento. Eu via em Marisol a figura menina, compatível com os meus treze anos, da encantadora Marina. Aquilo não me trazia conflito. Parecia ser mais fácil romper aquela barreira da distância e do sucesso que me separava daquela pequena estrela, que o obstáculo de se gostar de uma mulher mais madura, onze anos mais velha. Fiquei para a segunda sessão. De certo modo me sentia "mais normal" diante de uma realidade virtual do que frente a um mundo real.

Por algum tempo parei com as crises de sonambulismo, que iam e vinham; mas os atos compulsivos permaneciam e, quando isso acontecia, eu trocava o pinico pelos sapatos de meus irmãos ou me dirigia para dentro do guarda-roupa. Alguns amigos diziam que havia noites em que eu fugia pela janela do quarto da frente e saía sem que ninguém percebesse. Porém, me comportava sem maiores deslizes neste estado porque eles ignoravam o fato de eu estar presente dissociado nestas horas, mas que devia estar dormindo e não lembrava. Sempre os deixei pensarem que estava consciente, mesmo porque essa dissociação não me transformava em alguém pernicioso. Deduzindo daquilo que ouvia conseguia melhor compreensão de mim mesmo. Penso que quando passamos pela vida e conseguimos administrar tudo isso, equilibrando esses conflitos, conseguimos uma grande vitória.

A compreensão de nossa personalidade nunca é total, pois ela é uma variante das experiências que vivenciamos e, por isso, ela sofre alterações ao longo de toda nossa vida. Quanto mais longe conseguirmos chegar, maior será a glória desta vitória e mais puro o sabor de dever cumprido, desde que consigamos passar aos outros aquilo que de positivo alcançamos.

Naquela semana passei o tempo todo, chegando a ficar absorto nas aulas, fazendo um paralelo entre Marina e Marisol. Uma questão passava pela minha cabeça de forma insolúvel: "Será que a pequena estrela espanhola teria uma formação político-social como a minha amiga carioca? Estaria também do lado esquerdo da linha dos nossos pensamentos tal qual Oscar Niemeyer, Luiz Carlos Prestes, Olga Benário, Pablo Neruda, Fidel Castro, Ernesto "Chê" Guevara e outros que admirávamos e comentávamos em nossos colóquios?". Afinal, o seu país, terra de alguns de meus ancestrais, estava há anos mergulhado num período difícil, de pouquíssimas liberdades políticas, dado o peso de um Estado dos mais autoritários.

Domingo, lá estava eu no mesmo lugar à espera de minha amiga carioca. Fui só e até pensei que ela não viria, pois se atrasou. Ela chegou com o mesmo espírito das outras vezes. Pensei em lhe falar sobre o filme, mas me contive, porque achei que entraria no paralelo que formei e criaria um clima constrangedor para ela. Marina resolveu que não caminharíamos por ali neste dia e assim tocou o carro sem dizer aonde ia. No caminho para não sei onde, pediu que eu abrisse o porta-luvas. Algo que ela teria trazido como surpresa para nós. Abri e no saco de papel cinzento, já manchado de gordura, havia alguns sonhos. Como ela jurou que nunca tinha comido daqueles, sugeri que comêssemos juntos em algum lugar em forma de convescote. Assim pegamos a estrada e alguns quilômetros adiante, numa via de terra, deparamos com um sítio repleto de árvores frutíferas. Escolhemos parar ali e resolvemos entrar para falar com os moradores do lugar. Encontramos sob a sombra de uma mangueira uma velha senhora fazendo tricô. Ela nos acolheu bem, após termos nos apresentado e revelado nosso encantamento pela abundância do pomar e zelo do local.

Aquela paisagem bucólica nos tocou igualmente com a mesma intensidade e forma. Logo surgiu o marido daquela senhora, que também se esmerou ao máximo para que nos sentíssemos bem-vindos e usufruíssemos de sua hospitalidade. Enquanto ela preparava um café genuíno da terra, o velho senhor deu uma volta conosco por todo aquele território. Ofereceu-nos um cavalo para passeio e apesar de ter receio de subir no lombo daquele animal, nada manifestei. Logo fomos convidados a voltar para a sede e tive a idéia de juntar àquela mesa os sonhos que Marina havia trazido. Prestava atenção e sentia cada mordida de satisfação que ela dava naquele doce, sem que soubesse o quanto era prazeroso para mim vê-la saboreá-los daquela forma. Em seguida ela se levantou e me chamou para dar um passeio a cavalo. Relutei e disse que o único cavalo que montava eram aqueles do carrossel, das quermesses que se instalavam na Basílica. Mas, ela não precisou insistir muito para que eu concordasse. Ela montou primeiro e eu em seguida, envolvendo fortemente meus braços em seu abdômen. As mãos firmemente seguras e lá fomos nós, de início num passo lento que gradativamente foi ganhando aceleração e velocidade. Não tive dúvidas de que ela já tinha certa experiência em montaria. Sentia seus cabelos macios em meu rosto pela proximidade que ficava de suas costas, quase colado. Depois ela revelou que tinha tido aulas de equitação e praticava na medida do possível. Foi a primeira vez e a última que cavalguei. Talvez porque a descontração daquele momento e a ocasião nunca mais se repetiram.

Por mais que ela insistisse em pagar, aquele humilde e feliz casal não aceitou. Ele mostrou-nos a indumentária com a qual participava das festas de Santos Reis, era membro de uma companhia. Presumo que naquele dia eles sentiram a satisfação de nossa presença e interesse terno, sem segundas intenções, pelas suas vidas e costumes. Trouxemos tudo o que nos foi ofertado pelos nossos anfitriões, pois qualquer recusa seria vista como indelicadeza. Deixei tudo com ela quando voltamos.

Na despedida ela agiu tal como das outras vezes. Disse porém que na próxima semana estaria no Rio de Janeiro, mas que logo retornaria. Aproveitei para lhe confessar que sua companhia havia me trazido uma felicidade ímpar, a alegria de ter sentido a aventura de voar e viajar até a "Terra do Nunca". Ela disse que sentia o mesmo, que aqueles momentos permaneceriam em sua memória como os mais felizes já vividos até ali. Silenciei, mas no íntimo também reconhecia naquelas poucas horas os momentos mais felizes de minha vida. Na expectativa de seu breve regresso a Rio Preto, disse que lhe daria algo quando votasse e que toda semana continuaria indo passar alguns minutos na Basílica. Assim voltei ao meu cotidiano, certo de que ali dissemos apenas um breve tchau.

Nas aulas de educação física participei de três competições importantes, duas de futebol de salão, em nossa quadra, e uma de atletismo, nas dependências do Palestra Esporte Clube. Na de futebol de salão fiquei satisfeito por ter eliminado a primeira série da manhã, pois um de seus jogadores, sempre foi muito afeito a desprezar os outros e colocar defeito em tudo que era alheio. No atletismo, no salto em extensão, ganhei medalha de prata, mesmo tendo competido com os maiores das classes adiantadas. Mas o problema era na hora de receber o prêmio. Tal como quando ganhei o concurso de redação e recebi uma caixa de lápis de cor, quando recebi o prêmio do atletismo não me lembro direito da cerimônia. Desligava o fio da consciência, mas o aparelho físico ia até o final do ato. Não ligava para os resultados, bastava-me somente a alegria da participação, da confraternização, pois me satisfazia em sentir que desta forma alimentava em mim o espírito olímpico. Reparava na reação de inveja das pessoas e isto me frustrou. Quantas vezes me perguntei: "Que tenho eu para que eles sintam-se dessa maneira?" Certamente era o meu espírito de fraternidade, companheirismo e compaixão. E o meu jeito de ser era satisfatório para mim. Além disso, o comportamento de orgulho pelo meu lar fazia florescer em alguns essa repulsiva e gratuita antipatia.

Na residência de nosso vizinho médico, uma das empregadas era uma senhora negra, e freqüentemente aparecia por lá o seu filho que se enraivecia quando era chamado de "negrinho" pela molecada. Certo dia meu pai presenciou a cena e chamou-o de lado para uma conversa e com toda sinceridade explicou para o garoto que ele não devia fugir da realidade pois era negro mesmo e devia ostentar isso com naturalidade e orgulho de sua raça. Porém o menino não gostou, falou para a sua mãe que, na atmosfera de sua ignorância, virou a cara para meu pai. Nesta época, em que cedo as crianças pobres saíam para trabalhar como engraxate, feirante ou outro serviço qualquer para ajudar em casa, o preconceito fazia algumas pessoas, como no caso do negro, se sentirem diminuídas diante da sociedade e alguns tomavam isso como ofensa.

Em minha sala estudava o filho de outro deputado, este federal. Morava em uma chácara grande, com uma residência imponente, freqüentada pela alta sociedade local e figuras ilustres que deixavam na parede do seu bar suas assinaturas. A irmã deste meu colega, mais velha, estudava em classe mais adiantada, na mesma escola e no mesmo período que o nosso. Muito bonita e faceira, despertava a atenção daqueles que a observavam. Anos mais tarde ela viria a se casar com um alto diretor de importante rede de televisão. Diziam também que uma famosa canção composta pela parceria Chico Buarque e Vinícius de Moraes foi inspirada em sua beleza. Desta lista não posso me furtar o direito de incluir minha irmã, que era alvo do desejo de vários rapazes da época e convidada, algumas vezes, a candidatar-se a miss. Mas da mesma forma que eu não pude entrar para a fanfarra, ela também não ousou contrariar nossa mãe. Assim, minha mãe e meu pai exerciam marcação cerrada e limitavam os nossos passos.

Nós, os filhos homens, também éramos bem controlados, sempre em função daquilo que os pais pensavam ser o melhor para todos. Eu sempre consegui burlar o esquema e assim, acredito, vivi mais intensamente cada minuto daquele período e, talvez, sem levantar suspeitas. Enquanto o tempo passava, minha imaginação não parava. Freqüentemente pensava nas figuras virtual-real de Marisol-Marina. Num rompante resolvi ir em busca de um contato com a pequena estrela espanhola. Veio a idéia da comunicação com outros centros via telégrafo até chegar onde queria. Buscava dados nos cinemas, nas revistas e jornais, e aos poucos fui reunindo os pedaços daquele quebra-cabeça. Sempre fui muito determinado, embora em meus sonhos nunca completasse aquilo que buscava. Até que um dia, já de posse de seu nome real, data e local de nascimento e, o mais importante, endereço para contato, comuniquei aos amigos minha intenção. A princípio não acreditaram, mas depois, diante do ar de certeza que transmitia, passaram a me assediar para compartilhar com eles estas informações. Como sempre, encarando a vida com espírito olímpico, compartilhei com todos as informações que possuía Eu logo escrevi a Marisol e coloquei os nomes de alguns dos componentes da Turma do Asfaltinho na carta. Enquanto esperávamos resposta, sempre passávamos pelo cinema para ver se anunciava alguma película nova, porém sem novidades, chegou o final de ano.

Natal, ano novo e o melhor de tudo, a expectativa pelas festas. Concordava com minha mãe quando dizia: “O melhor da festa é esperar por ela”. A essa altura o presidente eleito, Jânio Quadros, sucessor de JK, já havia entregue o cargo com aquela famosa desculpa das inomináveis forças ocultas. No momento da renúncia, o vice-presidente Jango, estava em visita à China Comunista de Mao Tse-Tung. Corria boato que por ser extremamente progressista, João Goulart teria problemas com as forças armadas, que temiam sua posse. Interinamente a nação ficou nas mãos de Ranieri Mazilli que na época passou por São José do Rio Preto. A inquietação tomava conta do país. O seio estudantil fervilhava e mesmo as disputas nas bases mais baixas, como pela presidência do Centro Estudantil Rui Barbosa, havia muito acirramento e polarização. Eu me envolvia e defendia ferrenhamente idéias sociais e progressistas. Enquanto um candidato fazia as colocações políticas, o outro vinha com promessa de piscina para os alunos perto da quadra de educação física. Achava isso muito fútil e não concebia tal plataforma, uma piscina para ser utilizada por tantos alunos! Com a armadilha política preparada, o legítimo vice-presidente eleito, João Goulart, tomou posse como chefe da nação. Ouviam-se muito os discursos de um personagem que marcou o seu nome na história do país, Leonel Brizola, cunhado do novo presidente. Não era raro ouvir “A voz do Brasil”, que tinha como abertura “O Guarani” de Carlos Gomes, executado de uma forma bem imponente e que impressionava pela beleza sonora de seus acordes e arranjo. O país começou a se preparar para o primeiro plebiscito que presenciei. Iríamos escolher entre os regimes Presidencialista ou Parlamentarista. O “Não” representava a liberdade do povo em escolher o seu Presidente da República, e saiu vitorioso. Conseqüentemente, o “Sim” instalaria no país o regime Parlamentarista, com a figura de um primeiro ministro, tal qual fora recentemente Ranieri Mazzilli.

No início de 1962, lá fomos nós passar as férias em Guaranésia. Eu, minha mãe, meu irmão menor e minha irmã. Foi nas vésperas desta viagem que meu pai falou-me sobre o meu avô Manoel Amazonas de Lacerda. Trabalhava, e isso eu já sabia, nos Correios, na cidade de Guaranésia. Incapaz de pensar mal ou maliciar qualquer coisa, era um pára-raio de exploradores e gente de mau-caráter. A amante secreta que também lá trabalhava, juntamente com outro sujeito, deu-lhe um desfalque de grande vulto, que foi realizado aos poucos e sem que meu avô percebesse. Essa história era do conhecimento também de minha querida tia Laís, que algumas vezes esteve conosco. Meu avô pagou cada centavo dessa dívida, durante toda sua vida.

Este acontecimento representou para meu avô e minha avó Sara um insuperável moinho de ventos. Mas ele não teve um fiel escudeiro, um cavalo Rocinante e tampouco uma lança que pudesse acabar com aquilo numa batalha rápida. Novamente aqui, o sistema adquiria um olhar tubular assim como um cavalo é preparado para não ter visão lateral. Era pensamento de nosso filósofo de horas vagas, Silvano, que dizia que as regras e as leis eram feitas em função da conveniência de alguns. Para executá-las e fazê-las chegar ao povo, a máquina deste sistema burro ficaria cada vez mais inchada, mais irracional, mais injusta e culminaria com uma sociedade miserável e massacrada que financiaria esses agentes e seus atos para agredir a si mesma. O exemplo vivo dele eram três figuras repugnantes que estavam sempre sobrevoando o céu dos comerciantes. Dois oficiais de justiça, um da civil outro da Trabalhista, e um fiscal sanitário, que mantinham suas comodidades com o que amealhavam "por fora" e superava, em muitas vezes, o salário oficial.

Voltando ao meu avô, este sempre arrumava maneira para agradar os filhos e incentivar a arte. Certa ocasião, enquanto trabalhava no correio, surgiu uma pessoa que queria falar com ele. Observando de longe, o avô Manoel viu ser um pobre coitado mal vestido, sujo e descalço. Não teve dúvidas, tirou do bolso uma moeda e deu ao suposto indigente. Seu constrangimento foi grande quando soube que o homem ali presente era proprietário e havia passado para receber o aluguel da casa em que meu avô morava. Era fazendeiro na região e possuía uma grande e farta gleba de terra. Sem acionar as raízes do preconceito, vê-se que aqui aparece a figura clássica do avarento. Citando o velho Silvano, que comentava que das figuras deploráveis da vida, talvez os menos perniciosos à espécie humana fossem os não oficiais, que não viviam como carrapatos grudados no sistema. Seria uma tarefa difícil a busca de uma ordem classificatória para estas figuras. Sempre existiram, mas nem sempre as suas ocorrências foram justificadas em função de uma máquina burocrática presente.

Em Guaranésia, desta vez, encontramos o primo-irmão de minha mãe, promotor Ageu, homem erudito que falava sete idiomas. Veio buscar a filha, Maria das Graças, que teve com a serviçal "Maria Muda", para levá-la a São Paulo, onde estudaria. Minha avó Mulata já não era a mesma diante da decadência financeira que os assolou. A ausência de Maria das Graças, a quem criou como filha, foi o princípio de seu desajuste mental. Hoje vejo de outra maneira, na verdade estávamos diante de uma pessoa com o mal de Alzheimer, que então respondia pelo rótulo de esclerose mental. Minha irmã resolveu lá permanecer e continuar seus estudos em Guaxupé. Seu ciclo de amizades em Guaranésia era maior e as festas aconteciam com mais freqüência e ingenuidade. Além disso, as rédeas de meus pais afrouxavam, pois estavam longe. Lembro-me de um amigo seu que jogava no Sete de Setembro Futebol Clube. Isto lhe permitia viajar por toda a região, defendendo o seu clube contra times de Guaxupé, Arcerburgo, Nepomuceno e Muzambinho.

Minha mãe gostou da permanência de minha irmã com os meus avós, primeiro pelo estado deles e segundo porque não via com bons olhos o seu namoro em São José do Rio Preto, com um rapaz de cognome "Cirurgia". Logo minha irmã começou um namoro com um rapaz apelidado também de "Ditão" e filho de uma viúva, dona da fazenda Peroba. A fazendeira era irmã do doutor Lauriston, o Tãozinho, advogado, e do doutor Benedito, médico, que pertenciam às hostes políticas dos Pelados, a mesma da qual tomava parte meu avô capitão Plínio. Portanto era de bom grado este relacionamento. Interessante aqui é o fato de que o padrinho de batismo de minha irmã, doutor João Bento, era filiado aos Peludos. Por isso eu acho que, como o Silvano dizia, partido político é um território sem cercas. O indivíduo entra e sai quando e como quiser, e isto não é sinônimo de atestado de idoneidade moral para ninguém. Naquele tempo, pelo menos entre os mais graduados nos partidos, essa troca era menos sentida.

Certa vez fomos eu e as amigas de minha irmã à fazenda dos Vila. Lá havia um rio, por entre uma linda floresta, que em certo momento despencava por uma ribanceira de pedras, formando uma bela cachoeira. A trilha até a cachoeira era longa, e realçava o frescor da vida campestre. Isso me arremeteu em pensamentos aos encontros com Marina. Será que a veria de novo? E a carta que enviara para a jovem atriz, teria resposta? A vizinha de meus avós, a jovem Soninha, já estava maior e continuava me parecendo muito bonita, desinibida e faceira. Tinha certeza que ela adivinhava os meus pensamentos e esse contato entre nós nunca saiu do plano mental. Já não gostava de passear em Guaranésia, pois achava que perderia muitos episódios em Rio Preto com a Turma do Asfaltinho. Não podia imaginar que este seria meu último verão por lá. Neste verão, sem que soubesse naquele momento, veria pela última vez muitos destes personagens. Sem me despedir, nunca mais os vi, inclusive a Soninha. O rosto que guardo na lembrança é daquela face sorridente, cabelos dourados, uma maçã ruborizada de cada lado e alvos dentes sempre à mostra. Às vezes descalça, outras inquieta tirando e escondendo os pés, às vezes saltitante, e outras perdida na imaginação, cantarolando uma canção. Esta era uma versão brasileira, mineira e cabocla daquela atriz espanhola que nos encantava.

De volta para casa vim a saber da perda de outro amigo de nossa rua. Seu pai era compositor, e ainda guardo na memória música e letra de sua autoria. Era um garoto muito responsável, estudioso, às vezes aparecia em casa para sessões de piano com meu irmão Roberto. Numa tarde foi ao Palestra Esporte Clube e lá perdeu precocemente a vida, afogando-se na piscina, feita para competições. Aquele pedaço ficou mais triste, porque entendíamos, mesmo lá atrás, que não obedece a ordem natural da vida um pai enterrar o seu filho.

Novamente se iniciaram as aulas e fui para o turno da manhã. Toda aquela inquietação que perturbava a minha alma atrapalhou muito os estudos neste ano, afora outros acontecimentos. Minha irmã fora, os dois irmãos mais velhos em seus firmes namoros, e uma angústia que me corroía por dentro, prevendo dias difíceis. Eu tinha muito orgulho quando exibia para os outros as coisas feitas pelo meu pai. Eram aviões, carrinhos e até os nossos rádios, desde a caixa até o chassi com as válvulas. Interessante é que nunca soltei papagaio, pandorga, pipa ou maranhão, nomes que ao longo do tempo aprendi daquele brinquedo meticulosamente confeccionado por garotos e adultos. Para nós era apenas papagaio.

Meus irmãos tinham exibidos nas paredes do IEMG quadros que pintavam de figuras ilustres da história. O mais velho, Hélio, além de pintura mostrava aptidão para a matemática. Era sonho de meu pai que ele se transformasse em engenheiro. Para esse fim seguiu para São Paulo, mas acabou se tornando funcionário público federal e casando com uma professora. O segundo, Roberto, seguiu a carreira de bancário e tinha como hobby o piano. Casou-se e ingressou no Banco do Brasil, e aquela grande família, como eu a via outrora, foi se desfazendo.

Nesse ano aportou em nossa casa vinda de Belo Horizonte aquela menina que morou conosco e que já adulta não nos acompanhou quando da mudança da família. Era nossa irmã postiça, Antônia. Veio para passar alguns anos conosco. Rio Preto já possuía quatro emissoras de rádio, Rio Preto, Cultura, Independência e Difusora. Em fase experimental era muito bom sintonizar a novata, pois era uma longa seqüência de músicas. Na residência do médico, nosso vizinho, já havia sido instalado um aparelho de televisão. Embora com péssima imagem, pois havia fantasmas e chuviscos, guardei os sons que de lá saíam. A única emissora era a TV Tupi. Ouvia aberturas da TV de vanguarda, TV de comédia, propagandas e as músicas de séries que passavam. Sempre associei aquilo que via ao que ouvia e jamais esqueci. Meu refúgio, quando não estava em meus locais prediletos, era a igreja Basílica. Também gostava das brincadeiras no asfalto, jogos no campo em frente ao colégio São Luiz, na cruzadinha, banhos nos rios e as idas aos estádios e ao cinema.

Nessa ocasião surgiu em nossa cidade um forasteiro, que organizou um time de garotos. Não sabíamos nada sobre ele, apenas que vivia em uma pensão e bancava tudo com seus próprios recursos, que também não tínhamos idéia de onde vinham. Nenhum de nós fez parte desse grupo e da mesma forma que apareceu, ele sumiu da noite para o dia, sem deixar rastro, apenas dívidas. Comentou-se na época que ele era homossexual, que assediava sexualmente os garotos e que a maconha corria solta entre aqueles que tomavam parte em suas fileiras elitizadas. Vez ou outra brincávamos no campo da cavalaria, quando o termo "ficar na ripa" era sinônimo de estar no banco de reservas; obviamente confeccionado de ripas de madeira. Certa vez presenciei, quando no meio de um jogo entre crianças, um deles soltar um palavrão que hoje qualquer um fala no linguajar comum. Um dos policiais da cavalaria entrou e covardemente atropelou o garoto com murros e pontapés perante o olhar amedrontado, indefeso e perplexo de toda a criançada. Porém, tudo terminou por ali sem quaisquer desdobramentos, mesmo diante de tanta violência. Parece que era o prenúncio de dias nublados. A força institucional massacrando o cidadão, independente da idade ou outra característica qualquer, por motivos torpes.

Pressentia que estávamos à beira de um retrocesso à Idade Média, com o uso dos velhos procedimentos inquisitórios; mas com requintes da era moderna. Nessa época eu já andava bastante com o Júlio, o Masa, Jamil, Jorge e o Toninho vovô. Eis que num dia aparece anunciado no cinema outro filme com a nossa atriz idolatrada: "Um anjo desceu do céu". Assistimos o máximo que pudemos, por várias vezes. Mas o mais gostoso de tudo foi que finalmente ela respondeu nossas cartas. Juntos vieram um livro com suas canções e fotos. Eu ficava a imaginar ela escrevendo o meu nome na abertura da carta, Benedito, e terminando com as palavras "Con cariños, Marisol." Aquilo foi demais para todos nós. Foi então que numa reunião resolvemos, nós membros da Turma do Asfaltinho, construir uma jangada e atirá-la ao mar para chegarmos até o outro lado do Atlântico. As dúvidas, no entanto, eram muitas: como levar a embarcação até o mar? Como atravessar o Atlântico? Se fôssemos e conseguíssemos a façanha mais gloriosa do que a Odisséia e os Lusíadas, como faríamos sendo uma garota só para todos da Turma do Asfaltinho?! Seria injusta, a satisfação de um e a frustração de todos os outros. Fora a hipótese dela não querer ninguém. De qualquer forma, apesar de toda estas dificuldades, ficaríamos famosos. Apesar da movimentação para arregimentar material e traçar desenhos, não manifestava a minha descrença no intento. Imaginava que o tempo se encarregaria de apagar aquela ilusão.

Enquanto isso, eu reservadamente pensava que se estudasse e conseguisse uma independência financeira poderia alcançá-la de maneira menos complicada. Trazia-me tranqüilidade o fato de ter esse plano alternativo. O resto era só estimular a imaginação com sua fotografia e levar, assim, aquela vida solta de garoto da Turma do Asfaltinho. Um de meus refúgios para reflexão era o telhado da garagem. Ali subia e sentava para ler, escrever ou simplesmente meditar. Quando queria ver a represa passava para a goiabeira. Abaixo da goiabeira ficava um galinheiro que, às vezes, induzia a minha memória para anos atrás quando com pouca idade, e residindo em Belo Horizonte, eu tinha uma galinha como animal de estimação. O seu nome era "Chimbica" e costumava carregá-la de um lugar para outro em meu colo. Certo dia ela bicou meu rosto. Foi o motivo suficiente para que em breve fosse condenada à morte, sem o meu consentimento e presença no ato. E assim ocorreu, ela foi o centro das atenções de todos sobre a mesa de refeições... Nesse dia eu jejuei. Durante muitos anos não coloquei carne de ave, seja lá qual fosse, na minha boca. Também não me magoei com minha mãe, de quem partira a ordem. Lembrava que em uma das férias passadas em Guaranésia, certa manhã, deparei com meu avô no terreiro à procura de algo. Chegando perto, tomei conhecimento que estava procurando uma galinha, e passei a ajudá-lo nesta difícil missão – encontrar o mais bem escondido dos lugares, e lá a tal galinha. Talvez o termo "bem escondida" não fosse o melhor para definir a situação, pois a achei entre os arbustos e imediatamente enfiei a mão para segurá-la. O galo que estava por perto, indócil, investiu contra mim, atacando com suas esporas. Soltei-a e corri, mas guardei comigo as gargalhadas de meu avô

Plínio diante daquela cena. Mas remorso mesmo bateu quando em certa ocasião atirei aleatoriamente um torrão de barro para o ar e atingi um pardal que veio abaixo. Corri e o peguei em estado de aflição, passei horas tentando reabilitá-lo até que para o meu alívio consegui.

Já em São José do Rio Preto, um dia encontrei no quintal de casa, antes do meu cachorro Rusti, que o teria comido, um pato branco com sinais de cansaço. Cuidei dele e lá o agasalhei. Algum tempo depois, encontrei na venda da esquina da Santa Casa um senhor argüindo com a meninada sobre a tal ave. Vendo que era realmente a que ele procurava, levei-o até minha casa e devolvi. O homem como sinal de gratidão me ofereceu algum dinheiro e sugeriu que era para tomar uma cachaça. Achei aquilo tão ofensivo, porque eu era grande, mas não tinha idade para aquele tipo de bebida, não aceitei dinheiro algum e me afastei do sujeito. Na metade deste ano as nossas atenções foram voltadas para a VII Copa do Mundo, a realizar-se no Chile, e entre todos o clima era de euforia total.

No segundo jogo da seleção um susto, Pelé teve uma distensão muscular que o afastou da bola e dos campos por um longo tempo. Nessa época não podia haver substituição e jogamos com dez contra o forte time da Tchecoslováquia, com quem nos encontramos na final e, desta vez, vencendo. Fomos bicampeões do mundo. Naquela época havia a garra, o instinto superior de vencer; eram homens que não hesitavam em cobrar empenho do companheiro, seja lá quem ele fosse. Foi a copa de Mané Garrincha e Amarildo. Eu, com traços obsessivos compulsivos não entendidos por mim mesmo, associava comer bananas para obtermos as vitórias. Alguns atletas devem entender o que atos como esses, diferentes na forma, mas com os mesmos objetivos ou conteúdos, significam para quem fica do lado de cá, na platéia. Alguns rezam, outros fazem oferendas, promessas, e quando o grupo selecionado incorpora esse espírito busca com vigor e classe a glória de vencer. Compartilhamos nossa energia com eles que as recebendo dão tudo de si e nos envaidece mesmo que a batalha seja perdida. Houve a luta, daí o orgulho. Enfim, novamente ganhamos a Copa do Mundo e sambando com a bola no pé, como dizia a canção.

Estádio Nacional de Santiago do Chile, essa praça de alegria foi exatamente o local que anos mais tarde se transformaria num campo de horrores e tristezas. Para lá o Brasil exportou mão-de-obra especializada em tortura e morte. Seria a neblina que pressentia e que assolaria por anos a América Latina. Vez ou outra a humanidade pune alguns carrascos, mas os pensadores e estrategistas, os verdadeiros Cavaleiros do Apocalipse, passam incólumes pela história. Esta é a hipocrisia da nata internacional.

Continuava cursando o ginásio, mas neste ano não me sentia bem psicologicamente e os resultados das provas eram ruins. Em uma manhã fui convidado a comparecer à presença da orientadora educacional que acabara de chegar à escola. Pensava que talvez ali estaria a salvação dessa apatia escolar e lá fui eu cheio de interrogações na cabeça. Ao entrar em sua sala pediu-me que trancasse a porta. Era uma mulher vistosa, mas não se enquadrava em meus padrões de beleza ou de desejo. Ordenou que eu ficasse em pé e foi se aproximando até chegar bem perto, a ponto de sentir o ar de sua respiração ofegante em meu rosto. Em seguida mandou que eu colocasse as duas mãos para trás e ficasse olhando diretamente de modo fixo em seus olhos, que já estavam depositados sobre os meus. Passou a fazer perguntas: "Quantas vezes eu ia ao banheiro. O que fazia e o que sentia quando me despia e entrava debaixo do chuveiro". Fiquei ruborizado, pois, afinal de contas, as perguntas me soaram muito libidinosas. Sem saber o que fazer, minha mente travou e eu só respondia: "Nada! Nada!". Mas, por mal dos pecados e num lapso de esquecimento, pois havia no trajeto passado pelo WC, a cena agravante se fez notar. Não tinha levantado o zíper da calça e, como uma desgraça nunca vem sozinha, não usava cueca. Daí por diante a minha memória apagou e só me lembro de estar sentado em minha carteira com um bloco de colegas em volta pedindo que eu contasse o que lá ocorrera.

Às gargalhadas eles correram para contar para um outro colega que, por ironia do destino, era cunhado dela e muito mais forte e maior que eu. Temi pelo desdobramento daquilo, mas ele só ficou emburrado com a molecada e não partiu para cima de mim para tomar satisfações. Tive a impressão que num de meus encontros com a minha amiga Marina, a coordenadora tinha nos visto na praça do Ezequiel Ramos. Interesse seguido de ciúmes? Vontade de ajudar? Procurei dali em diante evitar os locais onde ela estivesse. Porém era inevitável que vez ou outra ela me visse e sempre me chamava à sua presença. Ela sentiu que eu não nutria quase nenhuma simpatia pela sua pessoa e num determinado dia pediu o comparecimento dos meus pais para perguntar-lhes se eu era um garoto normal; será que ela notara a minha personalidade obsessiva compulsiva?

Ao ler um texto é inevitável que os rituais obsessivos compulsivos se manifestem e, na maioria das vezes, eu o lia inúmeras vezes antes do ato objetivo da leitura para a compreensão. Nestes momentos o simples armazenamento na memória, sem compreensão, parecia-me ser uma ótima saída. Eu simplesmente decorava. Mas o esforço era muito maior do que aquele necessário para uma leitura compreensiva. Relia, não para atingir o objetivo da intelecção, mas sim para vencer os obstáculos ordenados pela voz de comando da neurose obsessivo compulsiva. O mesmo era para escrever, como forma de expressar e de desenhar literalmente os caracteres, letras, tendo antes passado pela estação da concatenação das idéias. Talvez, ainda hoje, não há educador que leve isso em consideração e o indivíduo afetado é carimbado como ausente, entre outros rótulos.

Todos temos as nossas limitações, somos especiais de alguma forma e podemos produzir desde que cada um seja compreendido à sua maneira. Isto faz do professor uma figura de extrema importância e vê-se que a preparação para esse trabalho é muito árdua e difícil de ser atingida. Vê-se que a Psicologia e a Sociologia são primordiais na bagagem dos mestres. Eles acharam que eu estivesse numa fase de rebeldia e, portanto, alheio às aulas. Preferi nunca revelar esses detalhes em casa e passei a faltar nas aulas, a conseqüência foi que perdi o ano. Percebi que minhas crises de sonambulismo voltaram. Alguns amigos da Turma do Asfaltinho em conversa lembravam das madrugadas em que íamos para a zona ali no alto da Boa Vista, na esplanada, ou mesmo até na Coréia, situada na Vila Raposa, capitaneada pela rígida paraguaia, mas que se mostrava flexível comigo, deixando-me entrar no local. Desta forma 1962 chegou ao fim com o Brasil escolhendo ser República Presidencialista. O parlamentarismo perdeu no plebiscito. Jango era presidente da República e a gaúcha Ieda Maria Vargas arrebataria para o Brasil, pela primeira vez, o título de miss universo. Diziam que ela foi escolhida porque os organizadores do concurso na América do Norte queriam agradar o Brasil. Mas não era isso não! Ela esteve em São José do Rio Preto em visita, e eu a vi pessoalmente, tão perto que cheguei a beijar-lhe as mãos, quando corri para o automóvel onde se encontrava e, ao me ver, sorriu estendendo-me as mãos.

Sempre sintonizado em "Ondas Esportivas" e "Bola na Rede" estávamos eufóricos porque o nosso querido América Futebol Clube, "Diabo Rubro ou Vermelhinho da Santa Cruz", disputaria a final do Campeonato Paulista da primeira divisão. O seu adversário seria o Esporte Clube São Bento de Sorocaba. Egresso das vizinhanças de nosso território no asfaltinho, de uma região mais acima, o ponta-esquerda Dirceu brilhava nas reportagens e fotos publicadas nas principais revistas e jornais do país. Fora, inclusive, convocado para a seleção brasileira, juntamente com Ambrósio, Fogueira e Adamastor, também jogadores da cidade. Era o nosso ídolo, pois além de tudo era da nossa vizinhança. Foram três empates consecutivos e na prorrogação, no Estádio Municipal do Pacaembu, em São Paulo, fomos derrotados numa triste noite, sendo mais um sonho que desmoronava nesse ano. Mas apesar de tudo o ânimo não arrefecia e a energia da idade nos impelia para frente, carregando sempre conosco a esperança e o otimismo.

Vieram as festas de fim de ano para dar um toque de alegria em quem e naquilo que fosse susceptível de ser contagiado por elas. No dia de Natal, pela manhã, havia uma farta distribuição de brinquedos e alimentos na sede da emissora Rádio Rio Preto. Alguns dos integrantes da Turma do Asfaltinho lá compareciam para receber das mãos daquela equipe de voluntários os seus presentes, impregnados da fraternidade do espírito natalino. O material satisfazia suas necessidades do corpo e o conteúdo sentimental as necessidades da alma. Como dizia Silvano: "Não há dentro do ser humano a perversidade plena e nem tampouco a bondade suprema". Distante do local, às vezes, encontrávamos alimentos jogados e isso não deixava de incomodar alguns de nós e a mim principalmente. A fila de mães e crianças era grande. Dessa receita, o importante na sua fórmula era que, de posse desses presentes, o espírito natalino habitasse cada lar naquele ano.

Em casa era sagrado que minha mãe montasse o presépio e a árvore de natal ajudada por todos nós. Ali, infalivelmente estaria depositado um presente para cada um de nós neste dia mágico. Os presentes, mesmo quando mais simples, eram bem-vindos e a expectativa era grande. Nunca pedia aquilo que não estava ao alcance daquele Papai Noel; lembro-me especialmente de um patinete escondido atrás de um guarda-roupa, ali surpreendido muito antes de me ser entregue no Natal. As ceias, além de bebidas, frutas, roscas, bolos e doces caseiros, eram complementadas pelos artigos das cestas de natal. Dentro de nossas limitações, meus pais eram heróis em conseguir proporcionar tamanha alegria, felicidade e harmonia no lar, principalmente nos momentos comuns especiais. Dessa forma os momentos ruins eram facilmente superados. Enquanto crianças, nossos pais são os nossos pára-choques e pára-raios físicos e emocionais, por isso, quando funcionam bem, em equilíbrio, somos felizes. Quando assumimos esta função e nos tornamos pais, então os compreendemos melhor.

Começava o ano de 1963. Havia escrito novamente para Marisol e ainda não tinha recebido a resposta desta nova carta enviada para a Espanha. Tampouco sabia notícias de Marina. Eu pensava nela, e sempre que podia ia à Basílica. Buscava no carteiro, quase que diariamente, notícias com a certeza de que haveria um eco de retorno daquele meu gesto de colocar num papel palavras que expressavam um sentimento puro e sincero. Seria passageiro ou não? Somente o tempo teria a chave desta pergunta, pois na forma aleatória de seu movimento colocaria cada um de nós, diante de seu próprio caminho. O nosso destino seria paulatinamente alcançado e estaria sendo moldado decorrente das atitudes tomadas diante do trajeto, ou estrada, que nos seria oferecida. Assim trabalhamos com nossas vidas tendo a certeza de que o futuro é incerto.

A nossa rotina continuava na rua do asfaltinho. A essa altura a cidade, em ritmo acelerado, mostrava a sua pujança já com incontáveis ruas tingidas do negro do asfalto e novos edifícios. Na esquina da farmácia do seu Magalhães, em frente ao açougue e na diagonal a Caixa Econômica, havia sido instalado um semáforo. O farmacêutico era um velho e bom senhor, pai de meu amigo Francisco. Certa vez, véspera do dia das mães e já anoitecendo, resolvi que tinha que dar um presente para a minha mãe. Amealhei algum dinheiro e encarei o desafio da escolha de uma lembrança que pudesse agradá-la. Na frente dos balcões de vidro de farmácia ficava a olhar e imaginar: "O que a faria feliz?". Percebi que ele me analisava e por fim ajudou-me na escolha. Aceitou apenas o dinheiro que tinha, apesar de o presente escolhido ser mais caro. Um batom da marca Nana e um vidro de perfume. Revelei-lhe a finalidade e ele sorriu aprovando o gesto de carinho. No dia seguinte, radiante, mas meio envergonhado pela simplicidade do presente, entreguei-os para ela. Foi então que percebi que a importância estava na lembrança e no gesto carinhoso. Até então nunca tinha feito tal surpresa por minha própria iniciativa. Sempre havia um adulto por trás e a partir daquela vez nunca mais deixei de presentear minha mãe por conta própria. Arrumava meu dinheiro vendendo gibis, ferro velho, garrafas ou papéis.

O homem que passava com um carrinho de mão comprando ferro velho tinha uma balança que sempre marcava o mesmo peso. Separávamos apenas o que achávamos ser importante na construção da jangada que supostamente nos levaria à Espanha. Uma vez pegamos esta balança e, sem que ele percebesse, fizemos nosso teste. Éramos enganados, mas sabíamos, e também para que armazenar tudo aquilo sem utilidade para nós? Quando se instalava um circo na cidade, logo nos apresentávamos em meio à sua instalação em busca de um trabalho extraordinário que nos rendesse algumas moedas. Procurávamos as integrantes femininas do espetáculo para possíveis negócios. Dali saíamos com tabuleiro de pirulito de formato cônico à base de açúcar derretido que lhe dava uma coloração vermelha escura e recobertos por um papel transparente. Depois de vender, fazíamos o acerto com a atriz e, às vezes, de troco, recebíamos alguns carinhos extras quando valia a pena. Com isso também a gente garantia entrada de cortesia para assistir o espetáculo. Outro produto comercializado eram as pequenas sombrinhas confeccionadas de papel colorido e recheadas com balas de coco. Algumas vezes trocávamos as balas por pedras e vendíamos mais barato. Um desses nossos amigos uma vez adoeceu e chegou a ser operado. De volta em casa, e ainda em repouso, resolvemos fazer-lhe uma visita. Para não aparecer de mãos abanando, fui à goiabeira e lá colhi uma bela e enorme fruta. Lavei-a com cuidado e com os outros para lá seguimos. Apesar de toda boa vontade, ficamos frustrados porque a sua mãe não permitiu que ele aceitasse a fruta. Disfarçamos bem a revolta pela desfeita.

Não me sujeitei a julgá-la, mas pensei que no seu lugar pegaria a fruta mesmo que ele não pudesse comer e a guardaria ou daria outro destino a ela em nossa ausência. Quantas vezes isso deve acontecer no mundo? Pensei: "Seria excesso de zelo, falta de habilidade diplomática ou indiferença a um comportamento simplesmente infantil?". Comentei com o Silvano, que foi breve em seu palpite: "Falta de educação". Neste dia ele estava de mau humor, porque havia visto um oficial de justiça saindo de uma velha e humilde casa, onde havia entregue uma notificação de despejo. Era uma viúva, lavadeira e com uma penca de filhos. Mas o que o deixou furioso foi que o "mensageiro do diabo", como ele os tratava, cobrou da mulher alguns míseros trocados, que certamente fariam falta a ela, mas que a ele o deixava mais podre e detestado por todos. E complementava: "Meninos, vocês crescerão e herdarão um país cada vez mais infestado por estes parasitas. A conseqüência disso é que a miséria acompanha esse crescimento em progressão, elevado ao cubo, junte-se a isso uma pitadinha de injustiça e vamos ter nos discursos dos políticos, cada vez mais, as palavras violência e insegurança. Como já se fala hoje que governar é fazer asfalto, acrescentaremos, além de outras desgraças, no discurso desses desumanos, que governar vai ser também construir presídios. E vou mais longe, do jeito que está hoje, penso que haverá mais construção de cadeias do que de escolas, que certamente perderão a sua qualidade... E o irônico disso tudo, meninada, é que o feitiço vai virar contra o feiticeiro e eles vão experimentar de alguma forma esse gosto amargo assim como nós". Palavras de Silvano!

Em uma tarde com aspecto chuvoso, em que as nuvens escondiam o sol, eu e alguns amigos do pedaço estávamos em frente à casa do Júlio, quando, passando por ali uma senhora miúda, pele morena parda, vestimentas simples e bem velha, se dirigiu em nossa direção. Com a palavra, e tendo a nossa atenção, falou-nos que o sobrado de esquina da Rua Siqueira Campos com a Rua Presciliano Pinto estava mal-assombrado. Motivado pela curiosidade, mas guardando dentro de mim um certo receio, resolvi descer até lá com os outros amigos. Era um bando grande de meninos. Lá chegando, notamos que já havia a presença de algumas outras pessoas, também curiosas. Ninguém tinha ousado adentrar a residência que estava com o portão e a porta principal abertos. Fomos embocando, o que encorajou os outros a fazerem o mesmo. Formou-se uma multidão de abelhudos. Passamos por um pequeno jardim e logo estávamos diante de uma escada de poucos degraus. Subindo-a ganhamos uma varanda, também de proporções pequenas, e já entramos na casa propriamente dita. O primeiro cômodo interno era um hall de parede curva contendo vidros que tornavam o ambiente mais claro. Em seguida vinha a sala de visitas, que se apresentava bem ampla, e a seguir um outro ambiente que parecia uma sala de jantar. Os móveis antigos davam ao lugar um aspecto lúgubre. Fazendo uma curva de noventa graus à esquerda continuava com a cozinha e dali eu não passei, mas percebi que já iria para o quintal. Sozinho retornei fazendo o caminho inverso. Quando cheguei na sala de visitas, observei um meio tijolo branco, que se elevou ao ar, vindo da sala de jantar, e percorreu aquele trajeto, como se fosse atirado, atingindo o vidro do hall de entrada que se quebrou. Ficou caído do lado de fora. Não havia ninguém no local de onde o bólido partira. O barulho assustou toda aquela turma que, como eu, saiu correndo para bem longe. Até hoje não tive uma explicação lógica do fato.

Experiências premonitórias sempre aconteceram na minha vida. Pressentia algo que de modo involuntário vinha em minha mente, libertado, talvez lá do fundo do inconsciente, e aquilo ocorria. Desta vez não busquei explicações cientificas e nem sobrenaturais, mas também não achava que era simples fruto do acaso e tampouco vira alguém ali naquele instante. Recordo-me de certa vez ter sonhado que me encontrava fugindo de uma coisa muito ruim, juntamente com uma mulher e, em determinado momento, deixei que ela se afastasse para retardar o avanço deste monstro do pesadelo. Depois, por mais que desesperadamente a procurasse não a encontrava. Em outros sonhos eu nunca completava aquilo que iria me deixar satisfeito. Logo procurava um de meus refúgios sagrados para meditar e aliviar tensões. Durante alguns anos pensei que de círculo em círculo a gente seria impelido para frente nas nossas vidas, mas os anos em ciclos ameaçam agora ilusórios diante de uma realidade linear cada vez mais marcante em nossas existências.

Alcançamos e passamos por outra festa carnavalesca. Poucas vezes tivemos o privilégio de participar de uma delas na matinê do salão de um clube. Mas extraíamos tudo o que podíamos daquela data dentro do nosso alcance e à nossa maneira. E foi assim que pela primeira vez estive num local conhecido por "Segunda Baixada". Fomos a pé, numa tarde, e caminhamos muito: primeiro por ruas e depois por estradas e pastos. O trajeto era longo, mas os dias pareciam maiores, o que nos proporcionava melhor proveito. Lá funcionava uma enorme piscina revestida somente de cimento liso com água pardacenta fornecida por um riacho que passava por perto. O que era cobrado para entrar estava ao nosso alcance financeiro. Num dos lados do retângulo aquático ficava um trampolim, mas eu não era de me aventurar muito. Encontramos uma família de japoneses, nossos vizinhos, e voltamos com eles de caminhão. Eu gostava de água, mas não para extravagâncias. Apesar de quase nunca andar descalço, uma vez ou outra, ia caminhar após as chuvas, acompanhando o percurso da enxurrada e em contato com a água. Em outra de nossas aventuras, a molecada achou um barco parcialmente afundado na represa municipal. Tiraram a roupa e foram desfrutar dele, um a remar e outro a tirar com uma lata a água que entrava por um buraco. Mas eis que chegou o dono e segurou as nossas roupas fazendo uma pressão psicológica, até que alguns, que estavam apenas de cueca, chegaram a chorar, e naquele local nunca mais voltaram. Na falta de calção e fazendo uso do improviso para poupar as calças, usávamos muitas vezes apenas a cueca para nadar.

Um dia, assistindo a uma partida de futebol no campo da cruzada, o Júlio impensadamente ateou fogo na grama seca. Não pensou na conseqüência do ato e o fogo foi caminhando e em poucos minutos havia queimado todas as roupas depositadas na margem do campo. Quem ficou mais injuriado foi o Ninico, que teve de voltar para casa somente com a cueca. Ele era um menino pouco mais velho que nós e de pele morena mais acentuada. Numa de suas viagens à cidade de Campinas veio contar a mim e ao Júlio que lá havia um cinema em que negros eram proibidos de entrar. Mas, em compensação, em um outro a freqüência da raça negra era maciça, ou seja, era a pura discriminação, um cinema para brancos e outro para pretos. Como gostava muito de cinema, imediatamente o Júlio perguntou: "Oh Ninico, para que lado você foi?". E ele, até então indignado com a discriminação, imediatamente reagiu sentindo-se ser branco, não admitia ser confundido. Nestas horas não me intrometia na conversa, pois este era um dos absurdos que preferia guardar para mim.

Certa vez, numa festa mais requintada em um dos clubes da cidade, ele compareceu impecavelmente trajado num smoking branco e com a gravata borboleta preta. Ele conseguiu entrar, mas se não fosse pela nossa presença ele teria ficado marginalizado. Os olhos sobre ele eram de menosprezo, o que ficou evidente quando ele resolveu circular e alguém maldosamente o chamou de garçom, num tom bastante irônico, demonstrando aqui o duplo preconceito. Na esquina de cima, do cine Boa Vista, em frente à Caixa Econômica, se instalava todas as noites o pipoqueiro com o seu carrinho, que vendia também amendoim e pé-de-moleque. Parada quase obrigatória para muitos de nós antes de adentrarmos à casa de espetáculos. A procura era enorme pelos filmes de Mazaropi, Ankito, Grande Otelo, Anselmo Duarte e Eliana. O cinema brasileiro atingia um grande público, principalmente pelas produções leves, comédias que atraiam também os analfabetos pela facilidade de intelecção da conversa, sem a necessidade de legendas e do roteiro. Alguns estrangeiros cantantes e atuantes também despertavam interesse, como o modo simplório e ingênuo de Mário Moreno (Cantinflas) com sua prolixidade, e outro mexicano chamado Miguel Aceves Mejia. Destacava-se também nesta época a bela atriz, dançarina e cantora espanhola, Sara Montiel, que cativava a todos. Nestas dias as filas davam volta no quarteirão, e o velho pipoqueiro faturava.

Era no jornal do cinema no canal 100, apresentado antes dos filmes, que a gente podia apreciar notícias e cenas do cotidiano carioca, inclusive do futebol mostrado em detalhes dentro daquele maravilhoso templo, o Maracanã. A música característica ainda hoje, quando ouvida, nos traz à memória aquelas cenas mágicas. Tão marcante, inesquecível e prazeroso de ser visto era o informativo local apresentado pela Cometa Filmes. As músicas de fundo eram "Tema para jovens enamorados" ("Theme for young lovers") e "The Summer Place", que meu pai dizia serem a cara de Rio Preto. Aqui, além de variados assuntos locais e festividades, desfilava a alta sociedade rio-pretense com a mesmice de outros lugares, guardadas as devidas proporções. E foi com a presença da Cometa Filmes, num suntuoso casamento na alta sociedade local, que descobrimos usando o método do revezamento de moleques com bicicleta na porta da igreja. O local da festa, que nos interessava, era o Automóvel Clube. Parece que neste dia a Turma do Asfaltinho havia combinado previamente e o comparecimento foi maciço. Os que estavam menos mal trajados ainda disfarçavam um pouco, e pelo muro da Avenida da Saudade ia despencando moleque para dentro do clube, logo ganhando o salão de festas. Não havia como não chamar a atenção. Senão pelas vestes, pela conversa alta e desarmonia em administrar os lugares nas mesas e a ansiedade diante da abundância do cardápio. O Italiano estava de short e chinelos de dedos e camisa com o peito à mostra. Seu sorriso mostrava uma boca tipo dente sim e duas falhas também. A certa altura os garçons evitavam passar por lá. Irritado o Italiano gritava: "Garçom, seu filho da puta, vem aqui!". Com a relutância em servi-los, atiravam uvas nestes serviçais para pedir vinho, champanhe, cerveja, etc. Na saída, ao levantarem, iam espalhando pelo caminho talheres, guardanapos, taças de cristais e comida que haviam pego nas mesas e ensacadas nas camisas fora dos corpos. Para nós não havia nada de vexatório neste comportamento e até hoje eu não sei quem casou! Assim dava mostras que o ano seria promissor.

Os programas esportivos anunciavam a reformulação no América Futebol Clube. Seu novo técnico era um novato vindo das categorias de baixo do Palmeiras, junto com alguns jogadores emprestados. Rubens Minelli era o seu nome. Estávamos certos de que desta vez o time seria campeão da divisão de acesso e na temporada vindoura veríamos um desfile de craques de renome internacional. O Rio Preto Esporte Clube também se fortalecia e deixava esperançoso o seu torcedor com um possível acesso para uma divisão superior. Seu estádio era acanhado e feio. Mas neste ano despontou em seu elenco um ponta-esquerda que futuramente jogaria com Pelé no ataque do glorioso Santos.

Neste ano fui estudar no período noturno e tive um professor de matemática que era médico e havia servido durante a Segunda Guerra Mundial. Contava que se assustava ainda com determinados tipos de sons que remetiam o seu pensamento para os navios avisando um possível ataque alemão. Em face à sua cultura também lecionava francês. Certo dia contou-nos que uma vez se dirigiu a uma aluna e pediu para que ela conjugasse o verbo "avoir". A resposta foi pronta e hilária: "Eu avuo, tu avuas, ele avua...". O Icão, que anos antes mudara de cidade, estava de volta e caiu na minha classe. Num clima escolar novo, retomei o interesse pelas matérias e comecei bem. O Icão veio com o seu boletim de notas com anotações do primeiro bimestre em branco e colocou as notas que quis. Na matéria de Português resolveu colocar nota 9. Ele não gostava desta matéria e tinha medo da professora. No final do ano ficaria para segunda época por causa de meio ponto, o que o deixou louco de remorso por não ter colocado, quando pode, a nota 10.

Finalmente, após um longo tempo, foi anunciado nos cartazes do Cine Boa Vista um outro filme da menina estrela, a espanhola Marisol. Seu nome, "Tômbola". Recebemos novas correspondências da espanhola com fotos e livreto de canções. O projeto da construção da jangada continuava. Agora com os períodos da manhã e da tarde livres, e sem aulas aos sábados, me sentia mais solto. E assim foi que numa destas tardes, buscando um pouco de paz espiritual na Basílica, tive a enorme alegria de reencontrar Marina. Ela me deu um afetuoso abraço, bem longo e apertado. Estava linda como das outras vezes. Havia chegado há poucos dias do Rio de Janeiro e sabia que ali acabaria me encontrando. Seria o motivo do meu sonho? Aquilo continuava a me intrigar, mas não comentei com ela. Perante os obstáculos comuns em nossas vidas eu percebia que aquele relacionamento ultrapassava a fronteira da amizade, mas não atingia um limite comprometedor. Mas parece que para ambos, pelo menos até aquele momento, essa ponte que estava sendo construída nos bastava. Depois de um certo tempo saímos, descendo por toda aquela escadaria, e seguimos a pé pelas redondezas. Intercalando nossa conversa ia mostrando alguns pontos que freqüentava com os amigos da Turma do Asfaltinho, denominação que ela achava interessante. A nossa região sempre foi muito quente e aquela caminhada, mesmo prazerosa e descontraída, trazia a seu rosto algumas gotas reluzentes de suor. Ela não se incomodava com o fato, pois afinal das contas no Rio de Janeiro, onde nascera, o calor se fazia presente na maior parte do ano.

Contou-me que aquele seria o último ano na faculdade de Direito de seu marido. Quando ela retornou para lá, foi decidida a morar com os seus pais, porque o envolvimento do Eduardo com o Diretório Acadêmico, os estudos e sua ausência a perturbavam ainda mais por ter que conviver com a família dele num ambiente superficialmente civilizado, mas frio e indiferente. Não teve ânimo para enfrentar o vestibular para Filosofia, mas não querendo também ser motivo para um possível desequilíbrio na vida do marido, que ia num rumo acadêmico saudável, resolveu que não regressaria para a casa dos pais de Eduardo, mas que vez ou outra viajaria para Rio Preto. Comentou que ali encontrava paz de espírito e que a minha amizade era uma válvula para suas tensões emocionais. Via em mim mais uma criança do que um jovem adolescente, mas mesmo assim se sentia segura, de alguma forma, com minha presença. O que me marcou muito foi que ela falava com bastante entusiasmo, tanto da vida política que a nação vivia, principalmente, o Rio de Janeiro, como do novo movimento artístico-musical, que tomava conta e se espalhava para todo o país, rompendo fronteiras. Ela presenciou shows com Nara Leão, Maria Bethânia, Vanda, João Gilberto, Tom, Vinicius e outros e tecia comentários sobre cada um, cada música.

Eu, apesar da distância de onde tudo isso estava acontecendo, mantinha-me bem informado. Não só o futebol dava notoriedade ao país, mas outros brasileiros que se destacaram também, como a tenista Maria Éster Bueno, duas vezes campeã em Wimbledon, Ieda Vargas, miss universo, e os principais representantes de nossa música. O rádio que tinha em casa havia sido feito pelo meu pai. Ficava sobre uma pedra mais estreita, presa mais no alto, ao longo de uma parede da cozinha que servia de prateleira. Abaixo dessa pedra havia uma outra mais larga que se estendia até a pia e servia como mesa. Eu sentava sobre a pedra mais baixa e mantinha os ouvidos na mesma altura do rádio e os pés sobre uma cadeira colocada ali embaixo. Cinema, rádio, jornais, revistas e conversas mil mantinham-me a par dos acontecimentos da época. Dessa maneira, Marina encontrava em mim condições de um diálogo à altura, ou pelo menos num nível satisfatório. Isto a surpreendeu desde o início, e talvez explique porque simpatizava comigo, um jovem interiorano com muito pouco experiência da vida.

Falávamos de nossas famílias, de nossas passagens, de nossos gostos, enfim de nossas vidas, mas o importante era que desfrutávamos do que ocorria à nossa volta naqueles momentos. Sobre a vida noturna da cidade, dizia a ela que outrora havia uma gafieira situada na Vila Esplanada com o nome de Gato Verde e outra com o nome Panela de Pressão, situada na Vila Diniz, que fazia jus ao nome. Nos arredores da represa municipal ficava a boate Maraquiara e era freqüentada por alguns figurões de renome na cidade, mas destes locais a nossa turma não participava. Contei a ela que no centro da cidade, num passado recente, funcionava a casa de chá Luar de Agosto, um ambiente fino e pouco acolhedor para a Turma do Asfaltinho. Certa noite eu e alguns componentes da turma resolvemos conhecê-la por dentro, mas não fomos bem vistos pelos garçons. Finalmente um se aproximou e perguntou o que estávamos fazendo, e logo notamos que ele não veio oferecer as boas-vindas da casa. Queria saber se tínhamos dinheiro para consumir o que fôssemos pedir e finalmente, de forma irônica, se dirigiu a todos: "Quem é o aniversariante do dia?". Então o Jorge tomou a frente e imitando o sotaque carioca conseguiu com que fôssemos servidos e experimentássemos o gostinho de um local que não fora criado para nós.

Outra história que lhe contei sobre a Tuma do Asfaltinho acontecera numa noite quando entramos no boteco mais requintado, da principal rua da cidade, para tomar um café quente à beira do balcão. Na verdade, ali entramos para nos aquecer e tomarmos um fôlego antes de enfrentarmos a jornada da volta até nossas casas, pois do lado de fora a temperatura estava especialmente baixa. O local estava cheio, e um sujeito, daqueles moralistas que se julgam os donos da situação, se aproximou e começou a implicar com a nossa presença. Espiritual e socialmente estávamos desarmados trazendo somente o companheirismo bem solidário e a total ausência de autodiscriminação em relação à nossa maneira de vestir, nosso comportamento e palavreado livres. Foi quando um rapaz conhecido nosso, sabidamente homossexual assumido, se rebelou contra o indivíduo vindo em nossa defesa até aquele instante só usando as palavras. O outro, senhor de si, prepotente, então virou para o nosso conhecido e disse: "Não se meta nisso não, veado! Meu assunto é com essa plebe!". Esses falsos valentões agem assim porque na verdade são covardes, pois reservam esta prepotência para os momentos em que estão acompanhados ou de alguma forma, muito mais fortes do que aquele a quem despreza.

No entanto, quando eles levam a pior ficam mal vistos pelos seus comparsas e, se porventura se sentem inferiorizados, limitam-se a um covarde e disfarçado sussurro de deboche. Naquele dia o sujeito não medira direito o tamanho da encrenca em que ia se metendo, pois de um lado havia mais do que uma molecada ralé e do outro mais do que um afeminado. Nosso amigo, já com a face ruborizada, mesmo encarando os companheiros do indivíduo que se aproximaram, advertiu-nos: "Moleques, saiam daqui que eu resolvo essa parada!". Assim aconteceu, saímos dali aquecidos para enfrentar a rua e soubemos que aqueles desprezíveis preconceituosos levaram uma tremenda surra do nosso amigo que lutava "pra caramba". Ao ouvir todas essas histórias, Marina participava ativamente fazendo elogios ou críticas.

Quando passamos pela Avenida dos Estudantes, lhe falei de um fato muito triste acontecido a poucos anos atrás, razão suficiente para minha mãe não permitir, até aquela data, que eu participasse da fanfarra na escola. O colégio São Luiz, com seu uniforme grená, possuía uma das mais famosas fanfarras do Estado. Naqueles tempos havia concursos de fanfarra em níveis municipal e estadual. Contei-lhe também que quando ingressei no primeiro ano do curso ginasial tinha vontade de desfilar no dia Sete de Setembro. Isso foi em 1961, mas como na véspera ameaçava chover e poderia não ter a comemoração, coloquei um ovo para Santa Clara, orientado por minha mãe e, dito e feito naquele dia não choveu, e assim pude satisfazer minha curiosidade. Essa era uma das simpatias que ouvia dos mais velhos. Certa vez usei três pedras de sal, pequenas, para esfregar em algumas verrugas. Depois coloquei-as numa caixa de fósforos vazia e depositei no centro de uma encruzilhada, o que valeu tendo um desfecho feliz. Tínhamos uma profusão de simpatias, para verruga mesmo havia uma outra que consistia em retirar um fio de cauda de um cavalo e amarrar na verruga que logo ela cairia.

Pela primeira e última vez participei do desfile de Sete de Setembro, marchando como estudante. Não gostei nenhum pouco da experiência. Conversamos bastante neste nosso reencontro e como sempre o tempo passava rápido demais. Logo estávamos de novamente em seu carro, que ficara estacionado perto da Basílica. Num ímpeto de ousadia convidei-a para ir qualquer dia comigo na Segunda Baixada, um local simples, mas aprazível. Ela concordou e nos despedimos como sempre, de forma muito afetuosa. Continuava a não revelar a ninguém a existência daquela figura angelical e tão cheia de doçura na minha vida. Fora deste sonho a minha rotina continuava a mesma.

Descobrimos nas imediações uma nova musa inspiradora. Garota mais nova, aloirada, muito estudiosa, possuía dois irmãos com menos idade e filha de gente conceituada, que podia ser considerada da classe média alta. Colocamos o Masa, japonês, como agente espião na casa dela, usando como estratégia de aproximação um início de amizade com seus dois irmãos. Na conversa de trocar chaveiros e figurinhas, ele conquistou a confiança deles e nos passava informações. Chegou a me trazer uma enquete em que ela participava, e por ali passamos a conhecer profundamente o seu estilo de vida, pensamentos, preferências de livros, artistas, filmes, etc. Consegui uma fotografia dela através do Masa. O Júlio, agindo com mais impetuosidade e na beira da irresponsabilidade, guardou o número do telefone da casa da menina. Era mais simples memorizar porque eram somente quatro algarismos. Passou, então, a ligar constantemente para ela e não se identificava, usando o telefone do seu trabalho. Como não bastasse esse inferno criado, ele passou a escrever para ela usando o cognome "Lawrence da Arábia". Para o seu azar, um dia conversando com uma garota que coincidentemente trabalhava para o pai da menina, citou alguns trechos das cartas que enviava. O pior de tudo é que o homem estava ao alcance da conversa e resolveu pesquisar. Aproximou-se do Júlio e, envolvendo o seu braço no ombro dele, foi perguntando: "Então, você é o Lawrence da Arábia?". Sem saber o que fazer, Júlio permaneceu ali estático. Segundo ele, no momento, quis se livrar da situação empurrando a arte para o restante da turma. Porém ele sabia que isso não era do nosso agrado e, por vezes, o aconselhamos a não fazer tal coisa. Resolveu assumir o encargo da bobagem feita. Mas tudo não passou de um susto, mesmo porque o homem era de um bom nível de civilidade e educação e o orientou a não repetir mais aqueles aborrecimentos, por mais inocentes que fossem. Um indivíduo que sempre implicava conosco e que presenciou a cena, comentou: "O Júlio está amadurecendo, pois anda com pessoas da alta roda, a ponto de com elas se abraçar!".

O ano transcorria dentro de uma normalidade gostosa porque o nosso mundo nos abastecia daquilo que esperávamos dele. Eu ia bem na escola, a Turma do Asfaltinho sempre mostrando uma variedade de opções para gastar o tempo ocioso e minha nova, mais velha amiga, estava lá. O único deslize foi que passei a perceber nesta época que a Varig começava a dar sinais de insatisfação com a rota de São José do Rio Preto. Imaginei que aquilo poderia desencadear uma situação que desestabilizasse a nossa permanência na cidade. Meus pais comentavam muito sobre uma provável mudança para Guaranésia. Meu pai pediria demissão da companhia e iríamos morar na casa do vô Plínio. Minha avó Mulata já mostrava sinais mais profundos de esclerose mental. Não me agradava o fato de ir para lá, porque ali onde eu estava me sentia feliz e teria que abandonar a Turma do Asfaltinho, e justo naquele ano o nosso América estava bem, dando mostras de retornar à divisão especial. E outra, onde encontraria outro filósofo como o Silvano capaz de absorver minha atenção?

Sua oficina de consertos jamais deixou de ser para mim um local onde o conhecimento fazia parte do ofício. Certo dia por lá passou um rapaz uniformizado com a farda do Tiro de Guerra local. Isto o motivou a um comentário que ainda guardo comigo. Disse que de nosso imposto saía a manutenção daquele serviço que não trazia nenhum beneficio para a população e nada acrescentava na vida daqueles jovens, quando não atrapalhava. Complementou dizendo que aquilo seria sempre igual e que num futuro longínquo, haveríamos de lembrar de suas palavras: "Um tiro no ar ou uma facada na água". Se os governantes quisessem, dizia, poderiam fazer esse modo de servir algo realmente útil à população, fazendo com que milhares de jovens servissem em frentes de trabalho, de auxílio real à população necessitada; em contrapartida, teriam todos estes jovens um aprendizado profissional como continuidade de seus estudos. Em outra ocasião me disse: "O dinheiro deveria ser a expressão fiel do trabalho, levando em conta o gasto de energia e a matéria-prima. Assim ele quantificaria o exato valor das coisas, não havendo lucro extra e oportunista e nem a exploração de um pelo outro. O comércio fluiria pela necessidade de bens, materiais ou não, trocados de acordo com o interesse mútuo dos dois lados. O dinheiro deve expressar isso: o valor eqüitativo da troca! Agiotagem é crime? Mas a agiotagem que deixa o dízimo para o sistema é legal! Esse dízimo para o poder é motivo de luta eterna na humanidade. Na época de Cristo, o imposto ia para Roma e causou toda aquela agitação na Galiléia. Séculos depois mataram Tiradentes que lutava contra isso e passou por criminoso. Hoje reverenciaram a sua imagem, mas esqueceram o ideal do alferes. Os cobradores de impostos continuam acima do bem e do mal, e o mundo vai seguir cada vez mais miserável".

E com isso, passados alguns dias, lá estava Marina novamente diante de mim. Eu já a incluía entre as pessoas mais queridas. Voltei à Segunda Baixada e, desta vez só com ela. Para lá fomos em seu carro. A minha intenção era passar a tarde num local de estilo campestre e que fizesse parte do meu mundo. Caminhamos por um descampado e subitamente fomos alvo do ataque de um pássaro, quero-quero, que investia contra nós, talvez por estarmos ameaçando o seu ninho nas imediações. Corremos, corremos, e, às gargalhadas, nos escondemos debaixo de uma árvore, e ali ficamos por alguns minutos à espera do animal arrefecer a sua ira, parecida àquela cantada por Maria Bethânia na canção Carcará. Neste dia entreguei a ela uma coleção de miniaturas da família Disney e senti que ela recebeu o presente com surpresa e num gesto de carinho agradeceu sorrindo, dizendo que comigo estava aprendendo a voltar no tempo. Para minha surpresa, ela resolveu nadar, o que imaginei que não aconteceria. Dentro de um maiô da época, pensava que naquele instante ela me fazia avançar no tempo! Disfarcei para não deixar transparecer o que circulava em minha mente. Ela nadava usando um gorro e suas braçadas eram elegantes; e vez ou outra mergulhava. Quando emergia, seus olhos azuis se depositavam sobre os meus, raiados de vermelho, combinando com o maiô e o protetor dos cabelos. Ali notei que não usava a aliança.

Lá passamos mais uma tarde esplendorosa que, entre outras, jamais se apagou de minha memória e imagino que para ela também. Eram dois mundos diferentes, mas que se complementavam nos pensamentos e nos atos. Duas almas a aproveitarem o prazer das coisas simples e puras da vida. Ela estava aprendendo comigo a busca pelo breque do tempo, pelo menos enquanto sentimos que isso é possível. Depois deste dia nos encontramos outras vezes até ela retornar novamente para o Rio de Janeiro. Antes dessa despedida, dei a ela uma cópia, numa folha de caderno, da letra da música "Feiulles Mortes". Tocava sempre em uma das emissoras de rádio de Rio Preto antes do anúncio dos filmes em exibição. Nesta mesma programação o locutor sempre repetia um pequeno poema de J.G. de Araújo Jorge, que dizia: "Infeliz de quem passa pelo mundo/ Procurando no amor felicidade /A mais doce ilusão dura, um segundo, /E dura a vida inteira, uma saudade". Neste mesmo ano esse locutor foi assassinado no portão de sua casa. Segundo o que foi divulgado nas emissoras, quem atirou foi o pai de uma namorada a quem supostamente a vítima engravidara. Procurou-o para uma conversa no sentido de convencê-lo a casar com a jovem, mas intencionado a não ouvir um não como resposta, trouxe consigo um revólver. Disparou no calor da discussão, quando o locutor se negou a casar, afirmando que não tinha sido o primeiro. Induzido pelo Icão, fomos ao velório e nesta noite eu não consegui dormir. Voltei a ter pesadelos e deduzi, em conversa com amigos da Turma do Asfaltinho, que o sonambulismo, a dissociação, voltara. Sabia ser eu pelas conversas posteriores com os amigos, mas não me lembrava; pelo comportamento não mostrava ser outro diferente e que fizesse coisas danosas. Conseqüentemente não deixava transparecer que ali eu estava, mas inconsciente. Chego à conclusão que por isso aproveitava mais os momentos do que os outros. E assim mais um ano estava chegando ao fim.

Dentre algumas passagens finais deste ano, destaco uma peça que por duas vezes preguei em meus amigos. Num começo de noite cheguei em frente ao auditório do IEMG, onde estava um grupo de colegas reunidos, e joguei no chão, no centro da roda, uma enorme bomba que havia feito em casa, mas sem pólvora, o tamanho e o pavio eram assustadores. A dispersão foi ampla e eu a dar gargalhadas da atitude deles. Outro dia, porém, cheguei e o mesmo grupo estava reunido, mas só que desta vez eu acendi uma bomba pequena para não causar danos maiores, mas verdadeira. Ao atirar no centro deles por alguns segundos, e em razão do tamanho da mesma, as gargalhadas foram deles para mim. Quando a explosão veio, a situação se inverteu diante da cena caótica promovida por eles. "Quem ri por último ri melhor".

Em uma das classes do científico, que usava estrela verde, um dos alunos soltou um traque, uma bombinha, o que promoveu a ida de todos para a diretoria. A ordem superior era de que haveria suspensão para todos. Então para disfarçar o clima e confundir o diretor, foi combinamos que um outro amigo, que não pertencesse àquela classe, jogaria em plena aula uma bomba, lá de fora, pela janela. Assim foi feito e naquela arena de teatro, até bem ensaiado, eles, os alunos da classe a ser suspensa, se levantaram em conjunto e se dirigiram ao portão para buscar o atirador. Poderiam ter pulado a janela, mas o combinado era, como nos filmes de cowboy fazia a cavalaria americana, buscar o caminho mais longo para dar tempo ao atirador se distanciar. É claro que o atirador não foi descoberto, mas valeu o esforço, porque a suspensão não foi dada. Mas em relação às bombas, o efeito mais devastador foi o provocado pelo amigo Jorge. Ele fabricou uma enorme e a colocou no banheiro, sobre a caixa de descarga. O pavio foi conectado a um cigarro aceso. Estavam todos em aula quando veio a explosão que derrubou a caixa. Outrora houve uma invasão na cantina durante a noite e lá comeram, beberam, mijaram e defecaram, inclusive no liquidificador. Não foi nenhum de nós, pois tínhamos respeito pelo trabalho de quem lá administrava. Corria boato que eram alguns burguesinhos arrogantes e preconceituosos do colégio.

Havia lá por perto uma sorveteria e espalharam que o dono era epiléptico, que babava nos sorvetes porque achava que passando aos outros, ele não teria mais ataques convulsivos. Dessa forma estragaram maldosamente com o comércio daquele pobre homem que veio a falir. O interessante com relação aos professores era que a temida professora de canto orfeônico se comportava mais democraticamente com os alunos do curso noturno, sendo mais maleável e tolerante. O professor de línguas, poliglota, dava nota ao acaso e não respondia com seriedade as perguntas a ele dirigidas; as mulheres sempre levavam as notas maiores. O dinheiro que ganhava era para viajar para o exterior. Contou que uma vez na Grécia, quando sentado numa cadeira ao lado de uma mesa num restaurante, tomando sua bebida e fumando seu costumeiro charuto, dois gregos perceberam que ele não era do país e começaram a conversar se referindo a ele de forma pejorativa. No momento certo ele se dirigiu a eles, na língua grega, e passou lhes uma descompostura internacional. Vivia pedindo carona, pois não possuía o seu próprio automóvel. Era o estilo de vida que optara. Solteiro, não dando tanto valor ao acúmulo de dinheiro e à aparência, eu percebia que causava inveja a alguns colegas. O Silvano dizia: "Se você tem inveja daquilo que outro possui ou daquilo que outro faz, procure avaliar dentro de si o que ele fez para ter ou ser. Se estiver disposto a trilhar o mesmo caminho para ter ou ser aquilo, siga em frente, sendo honesto consigo mesmo. Não sendo assim, você não terá ou não conseguirá ser, e tendo honestidade consigo mesmo você pode até alcançar com menos esforço e ir além. Essa honestidade dirá se quando atingir esse degrau tão cobiçado você se sentirá feliz. Mas não queira ser o outro, seja você mesmo, dê o seu toque pessoal!". Ele percebia que algo em minha personalidade era diferente dos outros meninos. Eu tinha certeza, mas o seu nível de conhecimento perante a época em que vivíamos e a minha imaturidade não nos permitia compreender aqueles rituais que, de forma obsessiva compulsiva, eu obedecia. Isso me gerava angústia, ansiedade. Mas por estranhar aquele comportamento e camuflá-lo dos outros, a gente se esmera tão bem em assim fazer que dificulta uma ajuda que naquele tempo era mais difícil.

Lembro-me que certa vez, por sugestão de Marina, fui assistir o filme "Freud, além da alma". Talvez ela tivesse percebido também e, com elegância sutil, estivesse tentando me colocar no caminho da busca de uma ajuda. Eu cheguei a forçar de certa forma e minha mãe levou-me ao médico, mas a sua orientação, talvez porque eu não contribuísse, no esmero da camuflagem, foi para que passasse umas férias no litoral; o que era impossível para nós. Anos se passaram para que eu pudesse compreender que aquele distúrbio não era propriedade exclusiva minha e que é possível ser tratado, melhorado, aliviado. Só não acredito que seja possível de ser extirpado. A qualquer momento, diante de um problema diferente ou uma frustração, pode esse fantasma reaparecer. Mas seguindo a linha do tempo, outro ano se passou.

No finalzinho de 1963, descobrimos outro paraíso que iria nos oferecer dias e dias de memoráveis e inolvidáveis aventuras. Saíamos à tarde rumo à estação do Rio Preto Paulista e seguindo os trilhos para a direção de Mirassol, a dada altura, após a estação de Gonzaga de Campos, pegávamos um atalho até a represa da Alvorada. A singeleza do local o tornava muito bonito. Havia barcos atracados e presos com cadeados a um palanque que invadia a água por alguns metros e ainda era um lugar bem isolado. Com o tempo, e uma freqüência cada vez maior, arriscamos soltar alguns daqueles barcos. E lá, no centro de toda aquela água, passamos muitos momentos felizes. Quando a gente cansava, corria para os arredores e sob as copas das árvores aproveitava a sombra oferecida para conversar. Na volta a gente não deixava de colher frutas ou mandiocas para levar para casa.

Naquela época, o dourado do pôr-do-sol não me trazia a melancolia que sinto hoje em sua bela presença; algo que tenho em comum com meu pai. De certa forma, era perigoso freqüentar lugar tão isolado e distante. Novamente por pouco não fui picado outra vez por uma cobra que estava num dos trilhos colocados para fechar um atalho. O italiano, dentro de suas extravagâncias, tinha levado escondido uma arma de fogo, e com ela atirou umas três vezes na serpente, mas não acertou e ela acabou fugindo. Conseguimos despertar a atenção de um peão a cavalo que ouviu os tiros e veio saber o que se passava, querendo saber se aqueles disparos foram feitos por nós. E foi na represa da Alvorada que um dia o amigo Masa quase morreu afogado. Eu estava sob as árvores e ele num barco junto com outro amigo quando chegou um homem muito bravo e, provavelmente o responsável por aquela área, tomou um barco indo em direção a eles. O Masa, para minha aflição, se atirou na água e desapareceu. Eu corri para a margem e para meu alívio, não sei como, ele vinha saindo e correu para se esconder. Depois disso conversamos e convencemos o homem que não havíamos soltado os barcos das correntes, mas se o usávamos sem causar danos foi porque já os encontramos soltos. Prometemos também não repetir o fato. Promessa não cumprida, pois lá voltamos muitas vezes repetindo as mesmas aventuras, mas nunca mais encontramos o tal sujeito.

Entramos em 1964 com a energia renovada pelo princípio de ano e com o otimismo em alta. O nosso América viria a ser o primeiro time a retornar para a divisão especial do campeonato Paulista. O Jorge continuava com suas maluquices, uma delas era no apagar das luzes do cinema, promover um banho amarelo nos que sentavam à nossa frente. Baixava o zíper da calça e com os dedos polegar e indicador comprimia o prepúcio, ao soltar a urina represada naquela bolsa que ele espremia, seus jatos atingiam metros à frente. O Júlio, com o cabelo querendo imitar John Lennon, sempre trazia ao meu pai recordação de seu irmão, meu tio, que houvera perdido a vida num desastre com avião da Vasp, logo ao decolar de Congonhas. Ele era telegrafista de bordo e havia trocado escala com outro neste dia. Minha tia passou algum tempo conosco tentando acordar do pesadelo. Minha irmã, que voltara de Guaranésia, conheceu um advogado mais velho com quem viria a se casar.

Comecei o novo ano letivo estudando ainda à noite. Nas rodas eu ouvia alguns comentarem que preferiam a morte de Jango à de Kennedy, que fora assassinado, segundo o Silvano, pela própria CIA. Começaram a aparecer alguns jovens com um discurso radical de direita que, às vezes, se reuniam fardados e saíam pelas ruas carregando faixas e bandeiras de uma organização neofascista denominada "Tradição, Família e Propriedade" (TFP). Aquilo me inquietava, mas não arrefecia o meu ânimo em defender os meus ideais. O Silvano comentava: "Garoto, eu não estou gostando nada do rumo que o país está tomando". Meu pai continuava, dentro do seu ideal socialista, a pregar onde estivesse aquilo que lia no jornal progressista que ainda assinava, "Novos Rumos". Foi quando reencontrei Marina.

Ela veio do Rio de Janeiro dizendo que o clima esquentava em meio às greves e passeatas estudantis. O marido formara-se em Direito e temendo que aquela panela de pressão em que se encontrava explodisse, pediu à mulher que mais uma vez se refugiasse no interior. Dessa forma ela adiava mais uma vez o seu projeto de cursar filosofia. Eduardo, o marido, participava ativamente dos atos políticos que tomavam conta da cidade. Ela não escondia o seu pensamento de preocupação, pois achava que o movimento das elites sufocaria aquela situação, deixando um rastro de sangue com o país envolvido numa guerra civil. Eu procurava me informar de todas as maneiras e me chamava especialmente a atenção os discursos de Leonel Brizola, que eu ouvia pela Rádio Mayrink Veiga do Rio de Janeiro. João Goulart era visto como um progressista de esquerda, e diante disto tudo, a tradicional família carioca saía às ruas, sentindo-se ameaçada em seus privilégios burgueses por uma casta proletária que ameaçava chegar ao poder com suas reformas sociais.

Com um novo paraíso à disposição, a represa da Alvorada, eu e Marina também passamos a freqüentá-la. Desta vez ela veio do Rio de Janeiro dirigindo uma perua rural Willis com detalhes vermelhos e com este carro chegamos juntos pela primeira vez neste lugar que nos encantou e para o qual voltamos inúmeras vezes. Numa delas, trouxe duas bicicletas e por lá andamos bastante, mas desta vez reparei que, por alguns instantes, seu olhar se perdia no horizonte, relance de preocupação que logo buscava disfarçar. Eu conseguia assimilar isso do seu semblante e também, às vezes, mergulhava em pensamentos de um futuro sombrio. Porém não só a política, as crises sociais e a trágica realidade eram temas de nossas conversas. Costumava levar refrigerantes e lanches e nunca se esqueceu dos sonhos. Falávamos de filmes, músicas, teatro e absorvíamos aquilo que a natureza nos proporcionava. Às vezes ríamos de histórias e brincadeiras, e juntos parecia que tínhamos a mesma idade. Surgido naqueles tempos, e quase novidade para mim, ela levava um rádio portátil a bateria, do tamanho de um tijolo e envolvido em um couro marrom. Foi ao som desse aparelho que guardo uma das cenas mais formidáveis de minha vida.

Entramos num barco, ela remava vagarosa e compassadamente de um lado só. Conduzidos naquela calmaria, navegávamos quase em círculos, sob um sol intenso, mas imperceptível, a nos queimar. Paramos no meio da represa e a quietude que reinava era quebrada apenas pelo som do seu rádio. Coincidentemente começou a tocar a música "O barquinho", com João Gilberto. Podíamos dizer que participávamos do cenário desenhado para aquela canção, ou melhor, ela veio até nós trazendo a descrição longínqua do que vivíamos ali. Quando terminou, ela retomou o diálogo comigo e falou com seu sotaque carioca: "Benedito Aurélio, eu gostaria de ter a sua idade!". Entrou fundo em meus ouvidos e parou no coração. Pensei comigo mesmo que ela teve o cuidado de não me remeter à sua idade, mas assimilando o meu mundo, equiparar-se à minha idade e gastar comigo o seu tempo.

Foi assim que a atraí para a "Terra do Nunca", voando como Wendy e Peter Pan, conduzindo-a pelas mãos num mundo que, às vezes, parecia abstrato, mas cheio de aventuras e felicidade. Ela quis me ensinar a dirigir, mas eu relutava em aprender. O que eu realmente queria era que tudo ficasse no lugar como nos conhecemos. A mudança que admitia, e gostava, era tê-la trazido até à minha idade e compartilhado aqueles momentos de uma pureza que somente duas crianças são capazes de viver. Foram pedaços mágicos e ímpares de nossas vidas antes que o vendaval que se formava passasse pelo país e levasse, avassalador como levou de nós, pedaços iguais àqueles de tantas famílias, de tantas pessoas e de tantas turmas. Estávamos em março de 1964.

O nosso comprometimento com aquele novo estado que se aproximava era maior do que podíamos imaginar. Marina participou de inúmeros movimentos e passeatas, e o seu marido continuava neles, convencido que as reformas sociais viriam pelas mãos do levante popular.

Minha irmã, com o seu namoro ficando cada vez mais sério com o advogado mais velho, foi convidada pela sua família a passar alguns dias na cidade de Jaboticabal. Ele era primo de um famoso jurista que viria a ocupar o Ministério da Justiça no governo militar, mas que possuía um parente na Nicarágua que lutava ao lado da causa Sandinista. Fui escolhido como acompanhante nesta viagem para estreitamento de relações. Eu me rebelei até onde achava razoável, porque minha ausência, apesar de ser pequena, apenas quatro dias, atrapalharia imensamente os projetos já desenhados para estes dias. Enfim, contrariado, lá fomos nós num DKW-Vemag azul que meu futuro cunhado possuía.

Contornei a situação com os amigos e com Marina. Não houve problemas, somente eu me sentia inconformado pelo afastamento temporário. Mas lá entre visitas, almoços, chás e jantares, pude observar o quanto aquela parte da sociedade, que muito teria a perder com um governo mais progressista, estava realmente preocupada. Profissionais liberais, empresários, fazendeiros e grandes proprietários falavam em se armar ou em doar dinheiro para formação de contingentes que pudessem fazer frente às ameaças sociais que pipocavam pelo país afora. O dia fatídico chegou, trinta e um de março de 1964. João Goulart era deposto e as Forças Armadas impiedosamente massacravam todos os pequenos focos de resistência popular. Parece que a grande massa ficou atônita, perplexa e inerte. Leonel Brizola em seus manifestos pedia aos sargentos e tenentes que resistissem àquele golpe com sua ascendência sobre as tropas.

A Marinha deu mostras de que poderia bancar uma resistência, mas não houve jeito diante da tomada do poder pelo exército e a luz se apagou em nosso país. Mas em se apagando a luz para nós, apagou-se para eles também, com a diferença que enquanto eles trabalhavam com a força bruta, nós da resistência trabalhávamos com a força da inteligência, criatividade e todos os órgãos dos sentidos. Assim estava instaurada a temporada de caça, prisões, inquéritos e tortura. A sociedade brasileira conhecia uma nova polarização, agora dividida entre os dentro e os fora da lei. Os pró-regime, dentro dela, e os que não se enquadravam estavam fora da lei, os chamados subversivos submetidos a uma tarefa fácil para a justiça simplista. Foram-se os primeiros exilados e inúmeros outros mais seguiriam o trajeto do abandono forçado do país. Fácil de entender: de um lado os golpistas, mantenedores desse modelo de ordem, e de outro os comunistas, subversivos e inimigos da sociedade; a antiga dualidade agora ainda mais polarizada.

Foi aberto um perigoso canal para denúncias e a censura entrou em vigor. O irônico é que para uma legião dos que aplaudiam e apoiavam a administração desse veneno acabaram experimentando o seu efeito. Em uma tarde do mês de abril, nossa casa da Rua Tiradentes foi invadida por alguns destes que servem docilmente aos donos da autoridade bestial. São adestrados, como no experimento de Pavlov, tipo reflexo condicionado. A estação de rádio estava em funcionamento com os aparelhos telegráficos. A primeira boçalidade dita por um dos invasores foi que aquele aparato de comunicação para orientar o tráfego aéreo poderia estar a serviço da União Soviética. Diante disso eu não pude me conter e comecei a rir. Sem nenhuma cerimônia aqueles indivíduos foram vasculhando cômodo por cômodo à procura de provas incriminatórias das ditas ligações subversivas. Lembrei-me do Silvano, que certa vez disse: "Existe algo acima da lei e esse algo é o bom senso". E continuou: "Em 1919 foi instituída a Lei Seca nos Estados Unidos da América. De um dia para outro milhões de pessoas passaram a ser marginalizadas. Em 1933 aboliram a Lei Seca e os marginalizados passaram a ser incluídos, legalizados. O Jânio proibiu a briga de galo, mas e a matança que a elite promove nos torneios de tiro aos pombos? E a carrocinha? Portanto, só quando a lei for calcada no bom senso, ela poderá não ser portadora de injustiças! A lei, nestes moldes, é para quem tem muito, e não pode perder".

Voltando à ação promovida na casa da Rua Tiradentes, eles acharam alguns exemplares do jornal "Novos Rumos" e os recolheram. O soldado falou: "Doutor eu achei estas preciosidades". E eu retruquei: "Os opostos se atraem". Que eficiência! Percebi quando o cabeça da diligência orientou um soldado para que ficasse de olho em mim. Foi então que resolvi brincar com ele. Num vacilo aproveitei e corri para o quintal, entrei em um quartinho que seria a central de inteligência da Turma do Asfaltinho. Eles acharam que possivelmente ali estaria um arsenal de provas e para lá seguiu o comboio. Passaram a vasculhar lá fora e esqueceram de uma cômoda que continha grande quantidade de livros que certamente seriam confiscados e juntados ao processo contra o meu pai. Sobre essa cômoda minha mãe colocava as imagens dos santos de sua devoção. O soldado se dirigiu a mim dizendo que não toleraria outra fuga de seu campo de visão. Quis saber a minha idade, mas não acreditou muito na minha resposta em razão do meu tamanho. A cada besteira dita eu sorria e consegui a antipatia dele. Era mais baixo que eu e gordo, mas estava armado.

De posse dos produtos de colheita, alguns jornais, muitas revistas e alguns poucos livros, e diante de algumas figuras ilustres e amigas de meu pai, a milícia política resolveu se retirar, não sem antes notificar meu pai e o avisar que não seria levado à presença do delegado porque os amigos o acudiram. O meu vigia, que acentuou a marcação, não sossegou enquanto não me ameaçou que estaria sempre por perto e de olho em mim. Meu pai ficou temeroso que tudo isso culminasse com sua expulsão da companhia aérea. Um dos amigos assumiu que aqueles poucos livros achados eram de sua propriedade e compunham uma biblioteca de valor apenas histórico. Passada aquela ventania, os que acudiram meu pai levaram a maior parte do material considerado subversivo que estava na cômoda não inspecionada. Com isso o Silvano desapareceu, não se tinha notícias suas. A minha preocupação era com Marina. Teria que encontrá-la a qualquer custo e sem levantar suspeitas.

Voltei a encontrá-la poucos dias depois. Ela havia ligado para o Rio de Janeiro e soube que o Eduardo preferira ficar escondido em casa de amigos. Apesar dos recados de que tudo estava bem com ele, não deixei de notar no semblante dela um ar de angústia e preocupação. A recomendação foi para que ela permanecesse onde estava. Contei o que houvera acontecido em casa, mas confesso que na hora me arrependi, pois a fez sofrer ainda mais. Com o sentimento abalado e um leve pranto que não consegui sufocar, ela me abraçou e recostou a sua cabeça sobre o meu ombro. Permanecemos assim por alguns minutos e o silêncio foi rompido quando ela afirmou que diante disso teríamos que nos acalmar, compreender aquela situação e raciocinar antes de qualquer ação. Completei dizendo que ela teria tudo o que estivesse ao meu alcance para manter a sua integridade e que haveríamos de cruzar aquele nevoeiro incólumes em corpo e alma. Decidimos que nos encontraríamos às quintas-feiras na Basílica e nos programaríamos para o final de semana, sábado ou domingo. Dessa forma, não perdendo o contato, poderíamos conversar enquanto durasse aquele pesadelo.

Às vezes, eu tinha a sensação de que estava sendo vigiado no trajeto para a escola. Numa noite, após um encontro rápido com a Marina, ela manifestou vontade de retornar ao Rio de Janeiro, pois o Eduardo não estava dando notícias. Decidiu que a viagem seria em breve, mas não teria previsão de volta. Naquela mesma noite, ao voltar a pé para casa, quando ainda faltavam alguns quarteirões, tive a certeza de que estava sendo seguido por um carro da polícia. Já era tarde e as ruas estavam desertas. Realmente pude constatar que era a mim que perseguiam, esperava apenas o melhor momento para me abordarem. Um deles desceu do carro, e logo reconheci o soldado que esteve naquela diligência em minha casa. Lembrei-me das palavras da Marina para acalmar, situar e raciocinar evitando atitudes intempestivas. E dessa forma procurei agir.

Ao chegar a um quarteirão acima do externato Santo Antônio suspirei e preparei-me para descer correndo até em casa. Nos primeiros passos, olhei para a rua que cruzava e notei que eles haviam passado uns cinqüenta metros e só podiam recuar de marcha à ré. Eles perceberam minha fuga e um deles saiu do carro novamente enquanto os outros tocaram para frente para contornar e tentar me pegar mais abaixo. Eu tinha um bom preparo físico, além da juventude a meu favor. Eu não acreditava estar ali metido naquela situação e tendo em meu encalço a milícia política. Quando cheguei na esquina do externato eu já havia pensado no que fazer. Neste local havia um espaço cercado por grades pontiagudas, a base desse portão era de latão e havia buracos. Este espaço estava fechado com cadeado e por dentro havia uma imagem de Santo Antônio num pedestal com velas e flores. Sem pestanejar saltei por cima daquelas barras e deitei no chão, atrás da base do portão. Ali permaneci imóvel, segurando ao máximo a respiração. Em poucos segundos o soldado apareceu naquela esquina a poucos centímetros de mim e ficou olhando para todos os lados. Se ele me encontrasse estaria perdido. Observava através de uma única fresta que estava ao meu alcance. Durante alguns minutos ele permaneceu lá e, por fim, com a chegada da viatura, todos foram embora. Permaneci por mais algum tempo esticado no chão, aproveitando para descansar, respirar mais solto e livrar-me do susto. Pela segunda vez a imagem de um santo me salvara, imaginei. Depois foi fácil pular com calma e chegar em casa.

Minha mãe reclamava que sempre que perguntava por onde eu havia andado a resposta era sempre a mesma: "Estava ali!". Não sei se a deixava mais aflita, mas a resposta quase que involuntariamente era realmente sempre a mesma. Penso que no fundo ela tirava as suas conclusões, mas nunca soube onde realmente eu pudesse estar. Dia-a-dia, tristemente, ia tirando minhas conclusões sobre como a população encarava este estado de arbítrio, massacrada e hipnotizada pela propaganda do regime de exceção. Pareciam alheios à situação e os que se aventuravam em dar palpites passavam a impressão de uma alienação total. Procurava não mais conversar sobre a crise que estávamos atravessando pois parecia que a lucidez não tinha eco. Eu ficava com a impressão de que, quando a noite enfim terminava, as reuniões da Turma do Asfaltinho, nossos assobios, nossas aventuras, tudo estaria desfeito como um sonho seguido de um pesadelo, e nada restando além de uma lembrança. Então, teríamos perdido a identidade coletiva para sempre e restaria olhar para trás e quem sabe, vez ou outra, trocar reminiscências com aqueles poucos sobreviventes.

Meu pai compareceu à delegacia e como outros tantos foi submetido a um longo interrogatório, não sem ter antes passado por uma longa espera de pura pressão psicológica. Nosso primeiro presidente foi um marechal, Deodoro da Fonseca; e fantasiado agora de estadista, o presidente da hora era outro marechal, Castelo Branco. O cargo era usurpado e fantasioso, ilegítimo, mas as ordens duras e impiedosas cumpridas à risca pelos seus capachos não eram de brincadeira. A imbecilidade estava à solta e sob as bênçãos do poder. Caçavam as pessoas já com acusação, julgamento e sentenças decretadas. Era só executar. A corrupção, os maus costumes continuavam ainda mais exacerbados. Infelizmente para algumas famílias os bons contatos ou o muito dinheiro não conseguiam ressuscitar os seus mortos. Outras famílias resgatavam verdadeiros flagelos mentais, vítimas da tortura. Eu me perguntava quem no futuro responderia por tudo isso.

As questões rotineiras que levantavam em seus burros, chatos, intermináveis e brutais interrogatórios eram referentes ao que a pessoa achava do regime americano, de que lado ficaria numa possível disputa com a União Soviética, se queria o comunismo instalado no país, se mantinha contatos com elementos ou era membro do PCB, o conteúdo do que gostava de ler e assim por diante. De acordo com o inquisidor, a gente não precisava negar os nossos ideais, bastava elevar o nível da conversa e com criatividade burlava-se a indecência das perguntas, pegando as rédeas e conduzindo aquele enfadonho diálogo. Aliás, essa tática durante todo esse período foi uma das mais usadas na imprensa, na música, no teatro e no cinema.

Voltei a me encontrar com Marina, agora com mais cuidado e não omiti de seu conhecimento os fatos ocorridos comigo. Ela estava prestes a retornar ao Rio de Janeiro, apenas aguardava notícias para partir. Algum tempo já se passara e o seu marido Eduardo ainda não tinha mantido contato com a família. Enfim, partiu com a promessa de que regressaria, mas não sabia quando. Pela primeira vez senti muito a sua partida, pois a sua ausência me privaria de momentos de descontração, alegria, felicidade e diálogos com teores diferentes e interessantes. Além do mais pairava no ar a dúvida de sua volta e eu já a associava àquele meu sonho. Aprendera muito com Marina, que desfrutava também de minha companhia. Ela entrara em meu mundo e dele participava ativamente. Nosso ponto de encontro era Basílica, que não deixaria de visitar, sempre com a esperança de reencontrá-la mais uma vez. Fora isto, dava continuidade à minha rotina.

Em julho, o Santos Futebol Clube voltara para jogar oficialmente com o América. Não havia como entrar no Estádio Mário Alves Mendonça já antes do meio-dia. Na véspera rodeávamos o hotel em que a delegação santista ficou para vermos de perto Pelé e companhia. Eu, o Júlio e o Masa presenciamos blocos de pessoas rolando arquibancada abaixo e um babão tarado se aproveitando do empurra-empurra para encoxar uma moça na arquibancada. Nestes tempos a presença feminina nos estádios era rechaçada veementemente e mal vista pela sociedade. Um sujeito, para poder assistir ao jogo, colocou dois cavaletes de madeira e uma tábua sobre eles e subiu. Foram subindo mais pessoas e num determinado momento veio tudo abaixo. Inconformado, o sujeito subiu num galho de eucalipto e majestosamente assistia, quando o galho cedeu e novamente veio abaixo. Vimos cenas que nos aliviaram as tensões.

Já na escola ou mesmo em qualquer outro local, as nossas brincadeiras tinham que ser mais sutis. Já não eram mais encaradas como simples artes de adolescentes, e poderiam ser interpretadas como ato subversivo. Um simples preservativo enfiado no cano da torneira do bebedouro da escola, que ao ser aberta mostrava aquela bexiga diferente cheia d'água, foi motivo para averiguações. Recebemos mais correspondências da espanhola Marisol, porém o sonho da jangada estava mais distante, quase abandonado. Meu propósito de fazer medicina trazia-me a promessa de uma independência profissional e financeira e ir até a Espanha, para, ao menos, conhecê-la. Diante de todas essas inquietações, minhas fugas sonambúlicas aconteciam e os rituais se acentuavam, obrigando-me a grandes esforços para não evidenciá-los.

Certo dia, sentado na nossa esquina, marco zero da Turma do Asfaltinho, apenas aguardando a chegada de alguém para conversar, percebi que um carro de aluguel se aproximava e diminuindo a velocidade foi se aproximando de mim. Eu logo reconheci o taxista e a pessoa sentada a seu lado, um conhecido meu; mas sobre as duas mulheres sentadas atrás nada sabia. Meu pai, às vezes, ia ao aeroporto para algum serviço de inspeção e chamava aquele senhor, eu sempre que podia ia com eles. O passageiro saiu do carro e balbuciando palavras de agradecimento veio se dirigindo a mim. Acontece que as duas damas, até bonitas, meretrizes, haviam chamado o táxi para levá-las a um ponto no outro extremo da cidade. O meu conhecido, que estava na zona do meretrício, resolveu entrar também. O problema é que ele estava extremamente bêbado e com sinais de que tivesse usado maconha. Trazia na mão uma garrafa de cachaça, já pela metade, e no corpo sinais de espancamento. Por mais que o taxista pedisse, ele não quis sair do carro, dizendo que levaria as duas mulheres onde quisessem e depois veria o que fazer.

As duas ficaram receosas, mas concordaram e o motorista que era uma pessoa de paz aceitou a situação, porque o rapaz embriagado, em seu palavreado pastoso, falou o meu nome, que era bem conhecido. Ficou mais feliz ainda quando descendo por aquela rua me viu ali sentado. Veio pedir ajuda, mas o meu conhecimento com o moço, mais velho que eu, não era tão íntimo assim. Resolvi acompanhá-los, tendo o cuidado de saber se ele tinha dinheiro para pagar a corrida e, aliviado com a resposta, tocamos adiante. Sentei atrás com as duas e o primeiro passo foi conduzi-las até o seu destino. No caminho consegui pegar a garrafa e o que restava dentro e sem que ele percebesse, atirei pela janela em um terreno com o mato mais alto. Cumprida a primeira etapa, resolvi que o melhor a fazer seria deixá-lo na sua casa, apesar do seu estado. Assim fizemos, lá chegando eu desci e fui conversar com a sua mãe. De início ela imaginou que vínhamos de uma grande farra e ameaçou encrencar comigo, mas depois, com a ajuda do taxista, ela entendeu, agradeceu e nós o colocamos para dentro. Prometi que voltaria assim que tudo voltasse ao normal. Depois disso o motorista levou-me de volta até onde me encontrara. A essa altura lembrei que ele não tinha recebido pela corrida, mas não se importou com isso e me agradeceu pela ajuda.

Dias depois voltei a procurar aquele moço quando estava sóbrio e nós caminhamos um bom pedaço juntos. Ele já se dava conta do que fizera e envergonhado pelo ocorrido, mas com certa relutância, foi contando o seu drama. Ele se sentia segregado em casa e por alguns que, infiltrados em seu círculo, conheciam a sua fraqueza. De início pareciam poucos aqueles que o censuravam, mas com o passar do tempo e seu crescente envolvimento com homossexuais, ficou fácil notar que muitos reprovavam sua conduta. Na escola um sentimento de culpa tomava conta do seu íntimo, imputado por uma avalanche de olhares de asco das pessoas ao seu redor, que o levavam a pensar, a sentir que era um indivíduo doente. Mais do que isto, sentia-se uma pessoa nojenta, pois a expressão das pessoas indicava que era repulsivo, contagioso. E continuou desabafando que já havia tentado se interessar por mulheres, mas sentiu-se enganado por si mesmo e de uma vez por todas resolveu assumir o seu caso com um conhecido travesti da cidade. Porém não suportava o peso da carga do preconceito e tentava aliviar na bebida e na maconha. Percebi o perigo que aqueles tempos de falsa moral nos reservava.

Naquela noite, que me encontrou embriagado, notei sinais de espancamento, e soube que alguém o havia denunciado na polícia como um anormal subversivo. Os policiais o encurralaram e bateram tanto nele como em seu parceiro. Imaginei quantas torturas sofreriam as vítimas de denúncias. Compreendi porque as prostitutas e o taxista estavam assustados e não comentaram sobre o caso. Lembrei-me com saudades das palavras do Silvano, que dizia que o amor é sempre um sentimento único, mas canalizado de maneiras diferentes. A conversa foi proveitosa, ele estava convencido de suas escolhas e eu procurei lhe explicar que as minorias cumprem um papel importante no mundo, que evolui graças às atitudes e aos comportamentos dos considerados anormais. Aqueles que pensam e que agem diferente da maioria nunca foram e nunca serão compreendidos pelo menos no seu tempo. A história da humanidade nos mostra. Também depois disso nunca mais tive notícias dele ou de seu parceiro.

Entre outras recordações do Silvano, uma veio enriquecer o episódio, quando externava a sua concepção do que a sociedade entende por justiça. Dizia que a humanidade aceitava a justiça como a materialização do sentimento de vingança. Nas penas, nos presídios, nas torturas e execuções ela está soberba; e quem semeia vento colhe tempestade, recebendo de volta o ódio. Não entendem que educação, orientação e perdão são sementes que propiciam melhores frutos. Os mais frágeis é que pagam! E quem seriam os mais frágeis? As minorias, os anormais, os loucos, os que pensam diferente, e nesse sentido não importa ser rico ou pobre. Na nossa Turma do Asfaltinho havia Negão, Japinha, Nego Turco, Zé Turco, Pintacuda, Italianão, Careca, Perneta, Baixinho, mas sem sentido de preconceito. Percebia que meus olhares para as professoras bonitas, mais velhas, e o relacionamento com Marina não embutiam nenhum estado doentio. Comecei a compreender mais, a observar mais, a ouvir mais e a julgar menos.

O ano passou e pessoas foram ficando pelo caminho do tempo. Já tínhamos certeza que não continuaríamos em São José do Rio Preto. Restava aguardar a decisão que nos removeria para outro destino. Eu torcia para que ao menos terminasse o próximo ano letivo no IEMG. Alternativas tanto para ficar, como para sair, para morar em Guaranésia, existiam, mas já não se apresentavam com a mesma consistência. E foi no princípio do novo ano, no verão de um janeiro quente de 1965, que novamente viria a me encontrar com Marina. Na paz, quietude e frescor do interior da Basílica, lá estava ela irradiando graça e simpatia em total harmonia com o local, mais parecia um anjo de joelhos. Eu me aproximei manso, sereno e sem despertar atenção, pé ante pé. A intenção era tapar-lhe os olhos e pedir que adivinhasse quem era. Não tinha dúvidas de que ela acertaria em cheio, mas ao invés disso, antes que minas mãos chegassem perto do seu rosto, ela percebeu minha aproximação e se assustou. Senti-me constrangido e fiquei sem reação, mas ela quebrou o clima de desapontamento e me abraçou efusivamente, se desculpando pela cena. "Eu, perdoá-la de quê? Estou é alegre porque você voltou!". Pediu-me alguns segundos, voltou a ajoelhar-se e instantes depois levantou, pegou minha mão e puxou-me para fora. Estava ansiosa para conversar comigo e desta vez não fomos andar a pé. Fomos até o carro e saímos sem rumo.

Parou num descampado onde havia um grande armazém e os trilhos da estrada de ferro. Esse tempo de nossa feliz e harmoniosa amizade me ensinou a conhecer alguns traços de sua personalidade e alguns de seus gestos eram termômetros de seu estado de espírito. Quando mordia os próprios lábios significava que estava ansiosa. As mãos juntas, como para uma oração, e os lábios colados indicavam preocupação. Os braços cruzados sob os próprios ombros, num autoabraço, era sinônimo de medo. Os meus tiques se concentravam em roer unhas, morder a pele dos polegares ou exacerbar os rituais obsessivos-compulsivos. Revelou-me, então, a sua situação no Rio de Janeiro.

Eduardo, o marido, havia sido preso em companhia de outros ativistas e, recluso, foi submetido à tortura e teve a perda de um dos olhos. Foi solto após esforços da família, relacionada com pessoas influentes e com o toque mágico e final de algum suborno. Antes que se encontrassem no prédio onde era mantido encarcerado, Marina foi convidada a comparecer a uma repartição da repressão. Dali para o outro local onde se encontrava o marido foi de olhos vendados. Não teve opção, pois foi a única maneira de alguém da família, até então, ter algum tipo de contato com ele. Antes de poder vê-lo, foi fotografada, deixou suas impressões e respondeu a um longo interrogatório. Eles estavam convictos de que ela também estava envolvida com o grupo de seu marido e já haviam vasculhado a sua vida, amigos, costumes e família. Sabiam inclusive de suas viagens ao interior de São Paulo. Imaginava a sua coragem e determinação em comparecer sozinha diante daqueles homens, se assim podem ser chamados. Aqui fugi e me escondi deles. O mais cruel e nojento de tudo isso é que em todo esse longo período eles permitiram que Eduardo a visse, mas sem que ela notasse.

Segundo contou, dias depois de liberto foi-lhe dito que se ele não seguisse as determinações estabelecidas, os soldados, convenientemente à paisana, abusariam de todas as maneiras possíveis de sua mulher. Queriam que ele assinasse alguns papéis cujo teor desconhecia e de início relutou, mas os homens fizeram um sinal e logo em seguida ele ouviu gritos de uma voz feminina. Resolveu que o seu silêncio e a sua rebeldia não teriam um valor superior à integridade de sua esposa. Assim ele assumiu a culpa e oficializou a confissão de algo, ou de muitas coisas, que não sabia o que era ou pudesse vir a ser. O ato de soltura não foi no mesmo dia. Houve ainda uma longa espera, de semanas, quando ocorreram os contatos e o pagamento em dinheiro daquela liberdade que, apesar dos pesares, ainda teve que ser agradecida como se fosse um ato de favor ou de benevolência. Depois do ocorrido, Marina foi para a casa dos pais, enquanto o marido permanecia entre os seus. Os pais dela, mesmo sendo cidadãos pacatos e sem vida política ativa, tiveram que prestar depoimentos. Em decorrência dessa liberdade vigiada e sujeita a ser interrompida a qualquer momento por uma acusação fútil, ou mesmo por um desaparecimento súbito, foi resolvido que ela voltaria para São José do Rio Preto. Assim tão logo foi possível para cá ela retornou. Então compreendi o seu estado de alerta, apreensão e preocupação.

Falava-me do então governador do Estado da Guanabara, o jornalista Carlos Lacerda, um dos artífices do golpe militar, na ilusão de se tornar o futuro presidente da nação. Relatava que pairava sobre ele a suspeita de conluio com empresários do setor imobiliário que serviam de esteio financeiro às suas campanhas políticas. Algumas revistas o colocavam como pivô de um quadro social deplorável de execução de pessoas pobres de rua, cujos cadáveres foram encontrados boiando num rio da antiga capital federal. Seria uma tentativa hedionda de "limpar" a cidade, ato semelhante ao de uma limpeza étnica. Sabiamente repetia que o povo até aqueles dias cultivava, como exercício da vingança, a malhação do Judas ao meio-dia nas vésperas dos domingos de Páscoa; paralelamente, no mesmo raciocínio, falava na seqüência do culto às violências históricas em que a população comemorava episódios sanguinários de matança indiscriminada. Retirando este espírito machucado, maltratado e amedrontado, Marina continuava com todos os atributos que eu gostava e com os quais me identificava. Dentro desse turbilhão eu me sentia valorizado, porque servia para ser o bálsamo de sua alma aflita. Mas também me entristecia, pois a locomotiva do tempo me puxava para onde eu nunca pretendia chegar.

A responsabilidade precoce de um adulto, diante de tais questões inseridas dentro do universo de um jovem adolescente como eu, parecia uma enorme mão com o dedo em riste apontando para mim e dizendo: "Você está amadurecendo e não tem como lutar contra isso!". Como consolo, via que o tempo era realmente justo passando da mesma forma para aqueles que querem e para aqueles que não querem crescer. Em Rio Preto já contávamos com mais uma casa de espetáculos cinematográficos, o cine São José. Passava a ser o mais importante da cidade e mesmo assim eu continuava a preferir os cines Boa Vista e Ipiranga. Certa noite, terminada a sessão do cine São José, fomos alertados que um incêndio consumia de forma devastadora a casa de boliche que estava situada ali perto. O Dumboliche, como era chamado, era o local de encontro dos mais diferenciados grupos do ponto de vista social e financeiro. Não fazia parte do nosso universo.

Começava o ano letivo no IEMG e seria o término do curso secundário. Todas as turmas do período da manhã, da tarde e da noite se aglutinariam para que no final do ano fosse feita uma grande festa. Esta resolução foi tomada tendo à frente um de nossos professores, sempre chegado às artes, às badalações sociais e aos eventos. Tempo depois vim a pensar que a inclusão do período noturno nas festividades deu-se tão somente em razão da necessidade de se baratear os seus custos. Neste ano, contrariando a vontade da minha mãe, entrei para a fanfarra do IEMG. Como mantinha intacto o meu caráter, meus ideais e o meu comportamento, fui novamente ameaçado, agora por um militar infiltrado, que prometeu me pegar se eu desse algum vacilo. Passei a ter mais atenção em não andar só e principalmente fora de hora, à noite. Quando não era possível, a atenção era triplicada. Perguntava a mim mesmo porque teria aquele problema a mais a me acompanhar?

Meus encontros com Marina eram mais bem traçados e camuflados. A perfeição dessa camuflagem era impossível, porque Rio Preto era uma cidade pequena e os passos do outro eram facilmente detectados se essa fosse a intenção. Mas apesar disso os nossos locais prediletos, escolhidos alternadamente, eram pouco freqüentados. A essa altura não só os meus passos eram vigiados, mas também os dela. Seria no mínimo estranho pessoas tão diferentes, estarem sempre juntas. Dentro de sua visão simplista e boçal, eles nunca alcançariam o valor e o teor daquele relacionamento.

Em um ensaio da fanfarra, num sábado à tarde, o instrutor ordenou que eu voltasse ao vestiário masculino. Há tempo vinha me vigiando de perto, desde que ouvira um garoto comentar comigo que seus pais não queriam nossa amizade porque eu nutria ideais subversivos. Alegou que deveria trocar a zabumba pelo fuzileiro, aquele instrumento maior, porque ficaria melhor com o meu tamanho. Inocentemente voltei sozinho, pois lá já não havia ninguém. Entrei no vestiário e senti que algo estranho pairava no ar e que aquilo não acabaria bem. Percebi que dois agentes da polícia à paisana me aguardavam. Fecharam a porta para que eu não fugisse e solicitaram a minha colaboração. Queriam saber das atividades de Marina em Rio Preto. Mas o que dizer a eles? Não havia como fugir dali e confesso que senti medo, mas me portei com firmeza e aparente coragem. Presumo que eles procuravam pretexto para incriminá-la de alguma forma. Tinham fotos nossas em suas pastas.

De repente ouvimos vozes, aos montes, que se dirigiam para o vestiário, isto porque, vez ou outra, a quadra era cedida para jogos de futebol. Eles ordenaram o meu silêncio, saíram e prometeram novo encontro. Somado a um sentimento de raiva, choro e inconformismo, peguei o novo instrumento e voltei ao ensaio. Desiludido com os que se apresentavam à minha volta, eu que sempre considerei todos bons até que provassem o contrário, passei a desconfiar muito mais dos que não eram íntimos ou menos chegados. A "revolução" estava infiltrada na escola e quiçá em locais que menos esperávamos. Tinha certeza, no entanto, que eles não conseguiram se infiltrar na minha família, entre alguns amigos, incluindo Marina, alguns mestres e a Turma do Asfaltinho que, na pior das hipóteses, teria alguns incautos alienados.

O ocorrido me fez lembrar do Silvano e seus ensinamentos. O fato de estar mais receptivo do que outros aos seus provérbios, permitia-me aprendê-lo em todo seu alcance e sabedoria.

Coincidentemente, alguns dias depois, eu e Marina resolvemos voltar ao sítio onde andamos juntos a cavalo. Lá encontrei o próprio Silvano. Inicialmente aquela bondosa e calma senhora nos recebeu, logo depois vieram seu marido e seu convidado, Silvano, que espreitava de uma pequena e velha casa semi-abandonada, e só se aproximou quando me reconheceu. Ele estava sem barba, de gorro e com uma botina marrom. Ele era conhecido do casal, que sabia de suas implicações políticas e do perigo que corria. Apresentei-lhe minha companheira e desta vez não absorvemos tanto a natureza quanto da outra estada. Silvano estava prestes a partir para Minas Gerais, talvez a primeira parada fosse Fronteira. Quem sabe não se engajaria numa guerrilha? Estava disposto a engrossar fileira em algum grupo armado, como um ato extremo. A princípio, parecia-me que ele não era disto, mas me lembrei de suas próprias palavras: "Existe hora e lugar para tudo nessa vida e quando chegamos num ponto em que nada mais temos a perder, buscamos soluções radicais. Nunca destrua uma pessoa a tal ponto de deixá-la sem mais nada a perder".

Naquele instante recordava-me também de uma das suas falas inflamadas: "Como um cobrador de imposto, um fiscal, um oficial de justiça, um carrasco, um torturador, um soldado que executa sem pensar, enfim, um arauto da desgraça vai se explicar diante de Deus? Eu apenas estava cumprindo o meu trabalho ou seguia ordens e regras? Pois é, era o meu ofício despejar famílias, torturar, executar, apreender coisas vitais, obstruir ou dificultar curas ou tentativas quando a esperança se esvaia, negar remédios ou comida em nome da lei! Talvez Deus pergunte: Que lei? De quem? Aquela que algum ou alguns espertalhões fizeram e você foi cumprir sem pensar? E a capacidade que lhe dei para discernir? Mas fosse qual fosse a situação, ele sempre buscava uma pitadinha de compreensão. Dizia que temos dentro de nós o bem e o mal, e que devemos procurar despertar no outro a sua virtude e não os vícios que carrega. Por isso temos que usar equilibradamente a mente e o coração. A desarmonia entre os dois não gera bom resultado".

Imaginava que este seu lado o impediria de lançar-se numa luta armada; não conseguia visualizá-lo com uma arma nas mãos, mas apenas com a força da palavra e do pensamento. O seu campo de atuação era o das idéias, onde eu e Marina também nós sentíamos à vontade. Fora deste campo, não víamos como alma e razão, cultura e natureza poderiam alcançar a plena sintonia. Se desta vez não usufruímos desta natureza, ao menos conversamos e comemos bem. Relatei a todos os meus recentes apuros e os de meu pai. Marina falou de toda a tempestade que despejara em si e sua família. O casal, que residia no local, ofereceu-nos em caso de precisão as dependências humildes, mas até então menos inseguras do lugar. Afinal não sabíamos o que o futuro nos reservava. Silvano, sempre sensível a tudo que se passava, encerrou aquele encontro com mais um provérbio, na verdade, uma despedida marcada por um brinde com café: "Não há mal que perdure nem tampouco bem que sempre dure!". Assim terminamos aquele encontro.

Enquanto isso, na escola, minha classe se movimentava para uma viagem ao Rio de Janeiro, já nas proximidades do final do ano. Os preparativos teriam que se iniciar bem antes e assim logo foi feito um levantamento para saber quantos iriam. A perspectiva era de que fôssemos alojados no Maracanã. Diante da situação vigente no país e para não abandonar a Marina eu não me propus a ir. Aceitei participar de toda a comemoração realizada em Rio Preto, mas dali não arredaria pé num momento em que o perigo nos rondava. Certamente muitos amigos desconheciam o que se passava comigo naquele momento. Neste ano resolvi realizar aquilo que parecia impossível, estudar muito, saborear a família naquele lugar idílico em minha mente, aproveitar bastante a convivência com a Turma do Asfaltinho e aproveitar o relacionamento sincero e simbiótico no sentido afetivo, descontraído, cultural, político e acima de tudo humano, na concepção mais pura e abrangente da palavra, com a Marina.

O Júlio, o Masa, o Jamil, o Moncílio, o Jorge, o Toninho Vovô e o Paulão eram os que mais freqüentemente estavam pela proximidade. Não imaginavam que eu por perto era sinônimo de perigo, de um perigo que em suas inocências era desconhecido. Continuava a ser vigiado e ameaçado. Tal como vinha fazendo, pedi a Marina para que não saísse com freqüência sozinha e principalmente à noite. Ela também tinha certeza de estranhos rondando onde ficava, fingia não perceber, mas não facilitava. Penso que para nós era uma tortura psicológica e, às vezes, física que aflorava num constante estado de vigília e medo. Temia pelas minhas crises de sonambulismos, pois fugir de casa durante a noite naqueles tempos seria uma temeridade. Procurava ler bastante até dormir, avançando madrugada adentro para manter-me alerta e não dar chance às fugas.

Certa madrugada, para não dormir logo, peguei o rádio de válvulas e levei para a minha cama. Para evitar que o som se propagasse e incomodasse os meus pais, eu o envolvi com travesseiros de algodão. Mas vencido pelo cansaço, adormeci, e com o calor das válvulas os travesseiros pegaram fogo. A fumaça logo se espalhou e eu acordei assustado, mas despertei também os meus pais. Conseguimos debelar o fogo e evitar que ele se propagasse. Nunca ninguém soube o motivo exato deste incidente, exceto eu. Já me atormentava o fato de que numa dessas noites, o guarda-noturno, que passava pela área, nos acordou avisando que um homem desconhecido estava a espreitar dentro de nossa casa. Ao fazer o alarde o vigia fez com que o invasor fugisse pelos fundos, deixando a impressão de ser um ladrão. Eu tinha certeza que não era ladrão e sim o tal agente de sempre, que sutilmente se aproximava e soltava suas ameaças.

O Júlio, o Masa e o Jamil, no auge da adolescência e com o aparecimento dos planos de consórcio, resolveram com criatividade lançar um novo e revolucionário plano, o Pisórcio. A imaginação foi fruto da necessidade biológica que aflige os garotos nessa idade, a quebra do lacre. Do outro lado, contracenando com este ato de iniciação, estariam prostitutas previamente contatadas e de acordo com a proposta, aderidas ao plano ou conveniadas. Naquela época preservativo era artigo de luxo, pouco conhecido, incômodo e sem graça. Além do mais, era nobre contar, e emprestava uma certa soberania, o número de doenças venéreas já contraídas. Assim as mulheres conveniadas não corriam o risco de serem inspecionadas. Formava-se um grupo com uma pequena contribuição de cada um, o que totalizaria uma grande soma. Montava-se num certo horário uma assembléia, sem ata, sem burocracia e sem os chatos comuns destas reuniões oficiais. Não havia lance, era tudo no sorteio, limpo, democrático, sem taxa de adesão e seguro. Tudo simples, transparente e confiável, tal qual o jogo do bicho, sem a intervenção do governo. Quem ia sendo contemplado saía dos próximos sorteios e poderia participar só depois que todos os participantes completassem o ciclo.

O sorteado tinha opções de mulheres com vários preços, de sorte que, às vezes, com o dinheiro ganho, o contemplado fazia uma festa completa e ainda sobrava troco. As prostitutas, por sua vez, se sentiam valorizadas, pois era um ato de amor vindo de jovens adolescentes que as cobiçavam e que a partir dali se sentiriam homens formados por elas. Eu nunca participei do plano, porque não me agradava fazer sexo por dinheiro, sem nenhum envolvimento afetivo ou espiritual. O projeto durou algum tempo, mas não vingou, porque o avanço dos costumes e a banalização do ato acabaram funcionando como uma concorrência desleal.

Um dos marcos da era Turma do Asfaltinho logo aconteceria. Certa noite fomos aos poucos chegando em nosso ponto de encontro. Não estávamos em muitos e na casa do deputado corria leve e solta uma festa em que boa parte da burguesia local e asseclas bajuladores estavam presentes. As ruas ao redor estavam repletas dos mais luxuosos carros, de onde desciam pessoas impecavelmente vestidas. Não tínhamos a intenção de penetrar, mesmo porque ali éramos figurinhas conhecidas. Sem intenção de qualquer tipo de relaxo, eis que surge a polícia exigindo que fôssemos embora dali. Com certeza alguém os chamara. Tive uma idéia para dispersar subversivamente aquela reunião. O Jorge havia feito uma bomba de efeito mais assustador que devastador e o resultado foi bom. Fizemos o mesmo. O Júlio sorrateiramente pulou a grade, infiltrando-se por uma parte escura do jardim, acendeu previamente um cigarro e armou o artefato, penetrando o pavio da bomba no cigarro aceso. Procurou um bom local onde a bomba não pudesse ser percebida, deixando ali a surpresa. Dali nos afastamos aguardando o seu desfecho.

Momentos depois vieram a explosão e o êxodo das pessoas para fora, assustadas e decepcionadas com o inesperado fim de uma noite badalada. Ninguém se machucou, foi só o efeito moral. Como o período era de exceção, o esperado, pelo menos por mim, aconteceu, a polícia veio em peso chamada para solucionar este ato terrorista. A essa altura já estávamos bem longe e comemorando o sucesso da investida. Em meu pensamento vinha a figura do Silvano, me dizendo: "Menino, não tenha medo dos mortos! Tenha medo dos vivos e cuidado com os vivaldinos, porque você causa fascínio nestes espertalhões". E essa palavra, menino, dita comumente por ele caia tão bem em meus tímpanos! Parecia que o passado ia se distanciando rápido demais, ou seria o futuro que se apresentava perante mim mais instantaneamente do que devia? Até pouco tempo atrás eu era um garoto e me via com horizontes limitados, e agora, nesse salto do tempo vivido a cada instante, via o quanto de aventuras doces e amargas eu já havia percorrido.

Pelo meu tamanho, em face à minha idade, sempre fui criticado pelos adultos por andar de calças curtas. Descalço nunca! Sandálias ou chinelos, eu tinha pavor! Implicavam preconceituosamente comigo e apesar de minha convivência cordial e pacífica com os menores em tamanho, faziam de tudo para que eu não me aproximasse de alguns deles. Marmanjão era o termo menos agressivo. A imposição feita por uma falsa moralidade exigia que os maiores teriam obrigatoriamente de andar com calças compridas, e na frente necessariamente haveria de ter o zíper ou uma abertura com botões, para que na hora de urinar não precisasse abaixar as vestimentas, caso contrário seria taxado como afeminado. Porém em 1960, quando conheci um garoto recém-chegado de Angola com sua vestimenta estranha, não deixei de procurar amizade sem fazer com que ele se sentisse diferente. Suas calças eram curtas e presas com suspensórios contornando os ombros, sapatos com modelos esquisitos, meias bem compridas atingindo os joelhos, e gorro na cabeça.

Angola estava passando por um forte processo de ebulição social. Agostinho Neto, médico e poeta formado em Lisboa, foi eleito presidente do Movimento Popular de Libertação de Angola (MPLA), em dezembro de 1959, de formato socialista. Angola, como colônia de Portugal, era submetida a constantes massacres que dizimava milhares de vidas nesta parte do continente africano. O povo nativo resistia ferozmente perante às forças armadas portuguesas, abastecidas de bombas napalm. Dessa maneira, Agostinho Neto foi conduzido a líder desse povo e viria ser o primeiro presidente após a nação libertada. Portugal, como o Brasil, estava sob uma ditadura fascista de muitos anos, comandada por Salazar, que viria a ser deposto pela Revolução dos Cravos, em vinte e cinco de abril de 1974. Achei que tínhamos o dever de receber bem e fazê-lo sentir-se à vontade conosco. A sua adaptação gradual com nossa ajuda promoveria a mudança natural em seus costumes. Entretanto nosso momento político não era bom, mas para eles sim, e pelo que senti da sua família, se lá eles eram a caça, aqui eles se sentiriam os caçadores.

Cada vez cultivava maior apreço por Marina e já estava acostumado com seus abraços afetuosos e seus beijos na testa e no rosto. Comentei com ela que havia assistido "Freud, além da Alma", com Paul Muni, e que me ajudou a avançar um pouco mais na busca pela compreensão do meu ser. Ela sorriu e acho que era o que eu esperava. Foi aí que pela primeira vez ela sugeriu que no fim de semana assistiria o filme "Suave é a noite" no cine Ipiranga. Estava sem companhia, queria espairecer, e o filme sugeria algo leve para passar as horas. Eu prometi que iria encontrá-la já dentro do cinema. E assim ocorreu, me trajei um pouco melhor e me perfumei com aquilo que estava ao meu alcance. Devo ter despertado a atenção de minha mãe, mas que nada falou. Saí mais cedo para dar uma volta sozinho, pensar, e se encontrasse com alguém prosearíamos um pouco.

Quando cheguei já havia começado a sessão das vinte e duas horas. No escuro consegui achá-la, sentei ao seu lado, sem brincadeiras de surpresa. Nosso diálogo era baixo, não incomodava ninguém, e além disso a sessão não estava com lotação completa, havia muitas cadeiras vazias. O filme e a trilha sonora foram muito marcantes para ambos. Em dado momento ela recostou a sua cabeça em meu ombro e pediu para abraçá-la. Civilizadamente, mas com carinho e ternura, eu assim procedi e ali passei a notar que os nossos sentimentos estavam rompendo barreiras. Terminado o filme, ficamos sentados na praça conversando um pouco. Acompanhei-a até perto da residência em que ela ficava e voltei a pé, solitário e feliz. Ela me fez sentir que para o amor não existem barreiras. Estava perto de sair da "Terra do Nunca". Calmamente, como se levitasse, fui silenciosamente pela madrugada em direção a minha casa. Ao longe percebi que minha mãe, pela primeira vez, estava a me esperar na porta de casa. Foi diferente. Já se fazia muito tarde e ela disse que teve um forte sentimento de ausência e como eu não havia chegado foi me esperar lá fora. Esse quadro todo me marcou com muito simbolismo.

Diante de tudo resolvi que naquelas férias de julho, de 1965, eu me atiraria de corpo e alma a tudo aquilo que me prendia ligado a um sonho real. Trilhei várias vezes, de várias formas e com vários amigos, o caminho à Alvorada. Cinemas, zona, peregrinações diurnas e noturnas. Até a minha sombra, tal qual Peter Pan, aproveitou para suas peripécias na madrugada, mesmo daquela era negra que se instalara. Minha sombra, o meu eu dissociado, voava livre e não mais metia medo no meu eu do dia-a-dia, o eu da luz da consciência. Já não importava o que pudesse acontecer. Cheguei a pensar que o outro eu, o da sombra, seria o verdadeiro, mas raciocinando logicamente via que aquilo que realmente passava, e mais me marcava, estava presente no eu que via o sol nascer e se pôr. O eu que perseguia e era perseguido. O eu que corria para fugir e também para se aproximar. O eu que tinha medo e estava apreendendo a amar, e que, contra a vontade, via o tempo passar. Aprendi que não foram perdas, porque foram aproveitadas e reservadas no cofre da memória. E sempre que quero ou preciso, retiro o filme armazenado e o projeto para mim mesmo.

Sob as árvores, dentro dos barcos, andando de bicicleta, ou simplesmente caminhando, quando estive com Marina sempre o seu rádio estava conosco. Outras músicas como "Você", "Encontro", "Onde está você?" "Garota de Ipanema", "Balanço zona sul", "Nós e o mar", "Fotografia" e, principalmente, "Tender is the night" ficaram eternizadas para nós. Realmente aquele mês de julho, que valeu para muitas vidas, foi compartilhado exaustivamente por apenas duas almas gulosas. No segundo semestre daquele ano me agarrei aos livros e às informações. Participei dos movimentos de arrecadação de fundos para a formatura e ainda encontrei um tempo para uma última travessura com conotação política.

Certa noite havendo um show no auditório do IEMG em que eu não tinha tido uma das aulas, aproveitei para averiguar a situação no local. Sem poder entrar para assistir, pensei, como de costume, em dar a volta pelos fundos onde havia escada para o auditório e sob ela duas portas que levariam não sabia para onde. Resolvi forçar uma delas que se abriu para um porão escuro. Sobre esse porão ficava o palco de madeira velha e repleto de frestas. Chamei um colega e de lá assistimos, de baixo para cima, o espetáculo dado pelas moças. Foi o único jeito que achamos, mas passado algum tempo veio o tédio e o sinal de recreio soou. Contamos ao enorme contingente de alunos a maneira de apreciar o espetáculo. Aquela multidão de alunos para lá se dirigiu, mas o local era estreito. Diante da impaciência de alguns e das pancadas dadas no assoalho, em pouco tempo a situação perdeu o controle e virou tumulto. Eu e o colega, desbravadores, percebendo o clima saímos rápido para bem longe, correndo para a sala de aula. Novamente veio a intervenção oficial e as medidas de averiguação foram tomadas, mas nós conseguimos sair ilesos de mais essa.

Outro ataque planejado, mas que não foi consumado, para a felicidade de todos, pois certamente acabaria em tragédia, foi quando a burguesia encomendou outro golpe do otário denominado "Dê ouro para o bem do Brasil". O ponto encarregado de sediar a urna foi a galeria. Para lá se dirigiu o exército. Um dos membros da Turma do Asfaltinho, dos mais lúcidos nestes planejamentos, pensou em desligar a chave geral e, enquanto durasse escuridão, os outros derrubariam a urna. Porém aquele que seria a figura chave no episódio foi detido antes, por algazarra na rua, e o plano não foi posto em prática. Teria sido uma loucura, pois os soldados estavam armados de metralhadora e não hesitariam em atirar mesmo no escuro. Enfim, até hoje nenhum governo prestou contas desta campanha. Nunca soubemos quanto foi arrecadado e que destino lhe foi dado. De qualquer forma, na época, a campanha pegou.

Num outro encontro com Marina, ela se apresentou nervosa e aflita. Recebeu notícias que o marido, Eduardo, houvera desaparecido novamente. Parecia ser mais sério do que da primeira vez, porque agora as influências não estavam sendo eficazes e o dinheiro gasto com os aproveitadores estava sendo em vão, porém aceito. A vigilância sobre ela estava mais constante e a nossa tranqüilidade aparentemente mais abalada. Quando podia, procurava não deixá-la sozinha. Os seus pais, que estavam no Rio de Janeiro, comunicaram através de carta que iriam para o exterior. A correspondência chegou com sinais de violação e ela começava a perder uma virtude que me ensinou, ter calma e pensar antes de agir. Eu, dentro de minha pouca experiência, não pude deixar de lhe dizer que fugisse e tentasse localizar os seus pais depois. E foi num final de tarde, quando a acompanhei até perto da residência que hospedava, que percebi um movimento estranho de indivíduos à paisana, mas com ar de forasteiros. Impedi que para lá ela se dirigisse e sugeri que fôssemos ao sítio onde estivemos por duas vezes. Com certeza aquele casal a receberia, pois o Silvano, como já sabíamos passara uns tempos por lá escondido.

Chegamos já no entrar da noite e expliquei aos nossos amigos, proprietários, a urgência da situação. Fiquei com Marina por algumas horas e depois o velho levou-me no carro dela até certo ponto que achamos prudente para que eu pudesse voltar a pé. Neste dia perdi aula, mas não me importei. Chegando em casa a minha resposta continuava a mesma de sempre: "Estava ali!". Passei a noite em claro pensando em como ajudá-la a providenciar sua viagem de volta. Também teria que avisar os seus parentes em Rio Preto e os seus pais no Rio de Janeiro. Concluí que o ideal seria levantar bem cedo, arrumar uma bicicleta emprestada e levar os seus pertences até o sítio. Mas o problema esbarrava em como se aproximar da residência de seus parentes, que estava sendo vigiada, para pegar suas coisas e avisar a família que nesta altura deveria estar preocupada. Lembrei-me, então, de um amigo da Turma do Asfaltinho, muito simplório, quase sempre descalço e mal vestido, o Gambá. Arquitetei a trama e na manhã bem cedo fui atrás dele.

Tinha certeza de que não se importaria do papel que representaria. Arrumei um saco grande de estopa, bem velho e sujo, e enchi de jornais, papéis velhos e até capim e folhas secas. Com a bicicleta, logo pela manhã, voltei ao sítio. O dia estava ensolarado e quente. Lá chegando tomamos café e depois Marina foi até a casa velha, onde o Silvano havia ficado. Escreveu uma carta para os parentes a ser entregue em mãos e eu sairia dali para providenciar que ela chegasse ao seu destino. A casa que poderia ser um despejo era bem simples, de chão batido, portas com tramelas, janelas de madeira rústica e sem forro. Alguns raios de sol penetravam seu interior formando focos de luz no chão e denunciando uma ou outra telha quebrada. A cama era bem antiga e acomodava um colchão de casal preenchido com palha e um travesseiro sem fronha. O cheiro era bem diferente daqueles que estávamos acostumados. Até hoje ainda não aprendi a defini-lo, mas poderia ser rotulado como o cheiro da humildade. Apesar de tudo isso ela irradiava alegria, descontração e uma confiança que me contagiou.

Ela não permaneceria na cidade, estaria mais segura se tomasse a direção oeste, rumo ao Mato Grosso, ultrapassando depois a fronteira com o Paraguai ou com a Bolívia, descendo em seguida para o Chile, onde seus pais poderiam com segurança encontrá-la. Aliás, este seria outro passo importante na logística, pois teríamos que lhes comunicar do plano no Rio de Janeiro. Parece que teríamos tempo para planejar com mais cuidado e exatidão cada próximo movimento. Foi daqui que voltei a procurar o Gambá que me aguardava, conforme combinamos. Dei-lhe a carta, que foi colocada no bolso da calça. Pegou o saco que preparei e nos dirigimos para as imediações da casa dos parentes de Marina, que continuava vigiada. Carregando o saco, instruí o Gambá que batesse palma como se fosse um mendigo e pedisse algo para comer ali. Dessa maneira ele agiu e conseguiu penetrar na residência sem levantar qualquer suspeita. Lá dentro ele explicou a situação e entregou a carta, que foi lida. Imediatamente o saco foi esvaziado e o enchimento para disfarce foi substituído pelas coisas pessoais dela. Tudo funcionou maravilhosamente bem, uma representação perfeita para os trouxas lá plantados.

No caminho de volta o meu amigo ainda foi hilariantemente ofendido por um dos policiais que lhe disse: "Não vem pedir nada não seu fedido e vê se vai circulando!". Eu recebi a mercadoria e peguei o rumo da estrada para o sítio. Já estávamos no início da tarde, o sol ainda a pino se fazia muito quente, mas com o sucesso do plano somente alegria irradiava de mim. Rusti, meu cachorro, estava o tempo todo me acompanhando. Ele sempre foi muito discreto quando queria me seguir sem ser chamado e eu não tive coragem de mandá-lo de volta quando notei, mesmo porque ele não obedecia nestas horas. Notando a concordância ele ficava soberbo e se atirava na frente em rápidas corridas. Quando ficava para trás bastava um assobio e ele logo me ultrapassava. Já saindo do perímetro urbano parei numa venda para tomar um refrigerante. Foi aí que o Rusti pegou um cachorro de um dos freqüentadores e lhe aplicou uma sonora surra. Corri para apartar e dar fuga ao outro. O dono do outro animal quis agredir o meu cachorro com uma pedra. O seu nome era João Galo, figura conhecida como encrenqueira no pedaço. Eu me coloquei na frente e discuti com o sujeito e logo peguei a bicicleta e o rumo da estrada novamente.

O Rusti correu e se livrou da agressão do indivíduo que permaneceu a resmungar jurando vingança e nos acompanhando com um olhar fulminante. Quando consegui chegar estava exausto, mas certo da tarefa cumprida. Marina veio ao meu encontro e mesmo empoeirado e suado me abraçou e me beijou na testa. Manifestou sua alegria por ter trazido o Rusti, brincando com este seu novo amigo. Contei como havia contornado a situação e driblado os policiais e agora, aparentemente, estava tudo sob o nosso controle. Eu não queria perder mais um dia de aula, mas era impossível me afastar e a conversa se arrastou até quando o sol já se inclinava no horizonte, pronto para se esconder.

Marina resolveu tomar um banho e em seguida aceitei fazer o mesmo, porque insistiram que lá eu jantasse. No banheiro, localizado na casa central, havia uma banheira branca já gasta pelo tempo e a água era aquecida com o calor emanado do fogão à lenha. Lembrava o sistema da casa de meus avós em Guaranésia. Por falta de opção permaneci usando a mesma roupa. Depois do jantar o casal se retirou e nos deixou a sós, saímos andando pela noite a conversar. A única iluminação era do luar, das estrelas e um lampião aceso na casa. Marina me segurou a mão firmemente e disse estar orgulhosa do nosso relacionamento e do que eu houvera feito por ela. Caminhamos em direção ao lugar em que pousara na noite anterior, sempre com a presença do Rusti por perto. Sentamos em um banco de madeira perto da porta que permanecia entre aberta. Foi então que ela me pediu que a envolvesse com o meu braço direito e em seguida depositou o seu rosto no meu ombro. Agoras as suas duas mãos apertavam e acariciavam a minha mão esquerda. Os nossos corações palpitavam e ainda não tínhamos coragem de nos olharmos de frente. Mas a propulsão da emoção fez com que isso se tornasse inevitável.

Milimetricamente fomos voltando os rostos um para o outro até que os nossos olhos refletissem mais do que a imagem; o nosso olhar refletia os nossos sentimentos. Nossos rostos se aproximaram com os olhos se fechando, uma aproximação tão curta que podíamos sentir a respiração suave e doce do outro. O silêncio que se fazia apenas era rompido pelo pequeno barulho dos grilos e o coaxar alternado dos sapos. Às portas do selamento de um sentimento que nascera puro e inocente, que continuava da mesma forma somente num degrau mais adulto, os nossos lábios se tocaram de início em movimentos leves e doces, mas ganhando a força que emanava do fundo de nossa alma. Não conseguíamos nos afastar e o abraço, que começou de lado, passou a ser frontal, apertado, os braços presos e envoltos no outro corpo. Já em pé permanecemos ainda envoltos naquele manto de paixão que nos envolveu. Pela primeira vez o amor abriu o seu portal e por ele fui conduzido de maneira digna, espontânea, sem saltos, para atingir o ápice.

Sem descolarmos os nossos corpos fomos calmamente, sem atropelos e sem saltar fases, adentrando àquela casa até alcançarmos o leito. Lá deitamos e fomos dando liberdade aos instintos que fluíam suavemente permitindo o completo e total conhecimento, do outro, finalmente. Desta maneira me vi, literalmente, voando, na "Terra do Nunca". Rompendo aquele silêncio, lhe perguntei: "Marina, você não acha que só tenho tamanho? Sempre achei que fosse assim, o tamanho e os conflitos internos me diferenciando dos outros". Ela sorriu, novamente trouxe meu rosto junto ao seu, deu-me um breve beijo e mansamente falou: "Benedito Aurélio, o seu tamanho é ideal para abrigar o tamanho da sua alma. Guarde bem estas palavras: uma grande estrela brilhante é um pequeno ponto na imensidão do Universo. Uma longa vida cheia de luz é um pequeno ponto na imensidão da nossa existência. Estes nossos momentos de agora serão um pequeno ponto irradiante e vivo diante da eternidade". Ainda retruquei: "Você me fez ter certeza de que como minha mãe certa vez me disse 'nós ficamos pra semente'!".

Ainda tivemos alguns momentos a mais de descontração naquele ambiente iluminado apenas pela luz do luar que entrava pela janela aberta. Meu Rusti, que ficara deitado na porta de entrada, principiou a rosnar baixinho. De início imaginei que fosse por um motivo fútil, mas diante da insistência do som que emitia, o coloquei discretamente para dentro. Mantive a porta encostada dando a impressão a quem olhasse pelo lado de fora de que estava fechada. Ficamos em silêncio, e eu coloquei um dos olhos numa pequena fresta aberta na parede. Infelizmente as nossas suspeitas não eram infundadas e vimos que alguns policiais se aproximavam em dois carros, que já invadiam a propriedade sem o menor respeito. Chegaram até a frente da casa principal e um deles bateu forte e firme na porta. Tive a impressão que o velho morador pensou que fôssemos nós e se assustou com a presença daqueles elementos, alguns fardados e outros não. Não perderam tempo e foram direto ao assunto gritando: "Polícia! Onde estão os dois subversivos?". O pobre homem ficou mudo diante do questionamento e da invasão. Eles penetraram na casa empurrando o morador que caiu ao chão. Enquanto a esposa dele veio em seu auxílio, a tropa começou a revistar a casa. Alguns policiais permaneciam nos veículos.

Não havia como negar a nossa presença pois o carro da Marina estava logo ali nos denunciando. Pedi a ela que ficasse com o meu cachorro, que estava irrequieto, pois já tinha resolvido sair. Meu receio era que o Rusti avançasse em direção aos policiais e fosse executado. Nisto um deles gritou: "Aqui, venha devagar com as mãos para cima". Eu obedeci e procurei como sempre manter a calma. Dois deles vieram me pegar com armas na mão e algemas. O velho senhor implorava que tivessem piedade e não machucassem ninguém. Reconheci um dos que vieram até mim, exatamente o que fora em minha casa e havia me perseguido sem sucesso. Penso que aquilo feriu o seu orgulho e ele alimentava o prazer de me capturar. Novamente perguntaram: "E a mulher? Desta vez, você não escapa Ditão!". Respondi: "Ela está se trocando e já vai sair, meu cachorro está junto, não precisam atirar, pois ele rosna mesmo para estranhos, mas quando estou por perto ele me obedece". Realmente quando a deixei não estava completamente vestida.

Não chegaram a me colocar algemas e antes que a Marina saísse, um dos homens que ficou num dos carros abriu a porta e veio até nós. Falou sério com os outros que se afastaram e depois de uma conversa calorosa, e com cara de poucos amigos, ouvi: "Deixem comigo, voltem para o carro que eu cuido do caso". Os outros se mostraram relutantes, mas seguiram a sua ordem. Ele me agarrou pelo braço e foi me afastando daquela concentração. Neste momento tive uma das grandes surpresas de minha vida e novamente me lembrei do Silvano, que repetia sempre: "Faça o bem, não veja a quem!". Aquele policial ainda me segurando, perguntou: "Você é o Ditão lá da Boa Vista?". Respondi afirmativamente. "Você mora para baixo da Santa Casa, numa residência com umas antenas grandes?". Novamente confirmei. Então ele se mostrou mais amigável e me soltou o braço, continuando a falar: "Você é bastante conhecido! Eu e minha família temos uma dívida de gratidão com você que é impagável!". Aquilo também me surpreendeu. "Você não me conhece, mas eu sei perfeitamente quem você é! Eu sou um dos irmãos, o mais velho, da Dirce, que você ajudou a tirar da prostituição. Ela está bem e fala sempre com muito carinho de você, comentou conosco como você era chamado e onde morava. Após sair daquela vida ela foi perdoada pelos nossos pais com a interferência dos irmãos. O meu sobrinho mais novo tem o seu nome. Vou resolver essa situação aqui e mesmo assim continuamos a lhe dever".

Lembrei da tira que ela usava na cabeça e que deixou para uma colega me entregar e, eu passasse para a frente caso encontrasse alguém de quem gostasse. Exatamente naquele dia havia pegado a tira para dar à Marina e contei àquele soldado, que pensava para agir e não usava a violência indiscriminadamente, retirando-a do bolso e lhe mostrando. Comentei como o destino remanejava os acontecimentos e como os seres humanos precisam uns dos outros. Dito isso ele voltou aos seus companheiros e depois de uma breve e calorosa conversa ficou sozinho conosco. "Podem ficar sossegados, mas peça para a moça se arrumar que vou tirá-la daqui". Contei do nosso plano para que ela fosse para o Mato Grosso e de lá cruzasse uma das fronteiras para fora do país; em seguida entraríamos em contato com seus pais. Rapidamente ele pensou numa outra estratégia e pediu que Marina ficasse pronta o mais rápido possível. Ele iria levá-la até à cidade de Lins naquela mesma noite. De lá ela partiria num pequeno avião particular, usado para fumigação de inseticidas, que iria para o sul do Mato Grosso no dia seguinte e que pertencia a um conhecido seu. Ficaria numa fazenda perto da fronteira com a Bolívia e, quanto a seus pais, faria contato de dentro da própria polícia.

Novamente estava diante da situação de que algo estava sendo retirado radical e abruptamente de mim. Lembrei de meus sonhos em que não alcançava o desejado e da mulher que num deles aparecia e se distanciava. Afastei-me e fui até onde estava Marina. Foi então que lhe contei todo o ocorrido e naquele instante retirei novamente a fita do bolso e lhe dei. Ela por sua vez pegou um coração confeccionado em ouro, preso numa corrente, colocou em minha mão e a apertou. Ela disse que o espaço que o destino reservara para nós fora perfeitamente ocupado e que ali era a encruzilhada em que eu deveria seguir para um lado diferente do dela. Compreendi que o curto tempo em que estivemos juntos nunca se apagaria de nossas mentes. Ela se despediu do casal de velhos, se apresentou ao irmão de Dirce, abraçou carinhosamente o Rusti e, me apertando afetivamente em seus braços, beijou-me pela última vez dizendo macio em meu ouvido: "Isso aconteceu porque foi um feliz encontro do acaso que fecundou, nasceu e floresceu. Sempre que estiver em contato com a natureza, ou num momento de paz espiritual, pense e eu estarei ali com você". Ao que completei: "Faça o mesmo!". E sua última frase foi: "Você estará sempre comigo, Benedito Aurélio". Foi a única pessoa, e pela última vez, que ouvi alguém assim me chamar. E naquela noite enluarada ela partiu. Nunca mais a vi e decidi manter esse caso em sigilo até que o país reencontrasse a sua paz e serenidade.

Tempos piores vieram, milhares de vidas foram tiradas e outras arruinadas. Famílias foram privadas de entes queridos, que simplesmente desapareceram. Anos depois este vendaval que assolou não só o país, praticamente toda a América Latina, foi dissipado, deixando no entanto seqüelas de uma doença crônica que durou mais do que esperávamos. O velho morador ficou de levar o carro de Marina para a residência dos seus parentes. Eu peguei a bicicleta e, já tarde da noite, chamei o meu grande companheiro de tantas aventuras, o cachorro Rusti, para juntos voltamos para casa; eu pedalando e assobiando a música Lili Marlene alternando, às vezes, com a internacional socialista.

Não chorei, mas senti que já não era mais aquele menino. Não por escolha, mas porque o tempo e as experiências por que passei haviam definido. Novamente em casa, o destino agora era tocar uma nova rotina, diferente do tempo da meninada que definitivamente se encerrara. Porém não deixei que a presença daquele menino que existiu se afastasse totalmente do meu interior. Sabia que sentiria muito a falta da minha amiga Marina, pois dali para frente tudo era incerto. Repensei suas últimas palavras e me convenci de que mais uma vez estavam certas. Conservaria comigo, sempre acesas, as lembranças de momentos eternos para nós. Sua figura de mulher bonita, que sabia falar e seria carregada para sempre num pedestal de admiração, solitariamente pelo seu Benedito Aurélio.

Marina se fazia cativa. Sua leveza de espírito emanava humanidade e sua forma humana se irradiava por inteiro, iluminando a todos com quem se relacionava. Marina era humana, a mais linda pessoa humana que conhecera.

Assimilei a nova fase e num estalar de dedos o final do ano chegou. Já sabia que nosso destino, como numa reta que traçamos de um extremo ao outro, seria Belo Horizonte. Minha classe excursionou ao Rio de Janeiro e eu mantive a minha decisão – não fui, fiquei estudando e sempre tive a impressão que o Rio veio a mim com aquilo que de melhor produziu. Em nossa formatura fortuitamente ouvi o comentário de um colega: "Nós estamos em uma turma importante, pois aqui estão se formando, coincidentemente, um Lacerda, um Goulart e um Castelo Branco". Como não podia deixar de ser, a casta burguesa dos formandos realizou entre si uma festa na casa de um deles e eu não os invejei porque sabia que aquilo que vivi com a minha Turma do Asfaltinho nenhum daqueles esnobes experimentou o sabor. Nessa altura meu pai já havia viajado para Belo Horizonte, onde assumiu a estação de rádio da Varig. A casa já não era a mesma, desgastada pelo tempo e pelos nossos bombardeios com bolas, peões, estilingues e outras armas de nossa infância. A bela e imponente trepadeira que enfeitava a entrada estava secando, num prenúncio de que chegara o fim de uma era. Sobrava espaço só para mim, minha mãe, o meu irmão menor e os bichos.

A confraternização com churrasco foi realizada na chácara do Maquininha, na hora do almoço. Levei comigo o Júlio e o Masa. Achei um enorme besouro morto e o espetei junto com as carnes para assar. Minutos depois vimos uma garota esfregando a boca e olhando atenta para o espetinho premiado. O Júlio se embebedou e ficou sob os pés de eucalipto a fingir que tocava num imaginário violão os acordes da música "Preciso aprender a ser só", que era tocada num aparelho de som. Depois disso ainda nos encontramos algumas vezes. E como encerramento bem apropriado para este trinta e um de dezembro de 1965, na passagem do ano novo, vaguei por todos os lugares que outrora nos encontrávamos. Desta feita a peregrinação foi em vão, pois não encontrei ninguém, e quando a Basílica anunciava meia-noite me encontrava solitário, sentado numa sarjeta sob a luz emanada do poste de nossa esquina, como se o destino tivesse me incumbido de ser o personagem a baixar a porta daquela era e ser o último a sair, encarando a Turma do Asfaltinho.

Meu cachorro foi enviado para Belo Horizonte numa jaula de madeira, junto com a mudança, em um caminhão, mas fugiu e voltou para casa. Já não estava morando na velha casa da Rua Tiradentes, mas lá fui procurá-lo e o encontrei sentado num degrau da varanda, junto com um dos gatos. Aguardava por alguém e ficou feliz com minha chegada, alheio a tudo que ocorria velozmente. Posteriormente ele foi enviado de trem em uma jaula mais forte e chegou ao destino. No dia de nossa partida de trem para São Paulo, de onde sairíamos de avião para o Rio de Janeiro e depois para Belo Horizonte, não me despedi de ninguém e também não chorei. Agora tinha chegado a minha hora de se distanciar fisicamente da Turma do Asfaltinho e, sem querer ser presunçoso, acredito que ela, agonizante, se extinguiu definitivamente com a minha partida.

Deixei que acontecesse como se nada fosse mudar, imaginei que estava apagando a luz, que logo dormiria e quando acordasse aquilo que estivesse na minha lembrança faria parte de um sonho que vivi. As aventuras da Turma do Asfaltinho ainda vivem na recordação de alguns que restaram e que de coração souberam aproveitar de cada momento mágico que aquela união e o destino nos proporcionou.

Anos depois voltei à padaria, cujos donos ainda eram os mesmos, e ainda faziam aquela mesma e antiga receita de sonho. Comi os dois únicos que havia disponíveis na vitrine, mas já não tinham o mesmo gosto daqueles que saboreamos quando crianças. Também cheguei a ir ao local onde outrora fora o nosso ponto principal de encontro e assobiei, tal qual nos velhos tempos, porém, dessa vez ninguém apareceu. Eu gostaria de passar para os que me sucederem o sentimento que recebi de minha família e dos verdadeiros amigos. Se eles puderam receber essa herança eu me sentirei realizado. Assim, um dia, eles poderão passar adiante as suas peripécias, cada qual com a sua particular e íntima Turma do Asfaltinho.

Posfácio

Mais de quarenta anos depois da última das aventuras que acabo de narrar, encerro esta história preenchendo em parte a curiosidade daqueles que não conseguem se livrar das quase obsessivas perguntas: que fim levou tal personagem? Como terminou aquele caso?

Pois então, já adulto descobri que a atriz espanhola mudara de nome, declarando que estava enterrando a menina para que a mulher nascesse; fazendo exatamente o contrário de mim, que ainda hoje procuro cultivar a criança que nunca foi embora, mesmo quando me vi obrigado a sair do casulo para adentrar a vida adulta que tanto temia.

No entanto, nem a criança que permaneceu viva, nem o adulto que me tornei, foram capazes de encerrar minha história com Marina, que entendo ainda continua aberta. Se permaneço fiel às convicções políticas que comungávamos nos anos mais negros da ditadura militar, se me surpreendo a todo instante rememorando nossas aventuras, ou mesmo suas palavras, não tenho como enganar-me considerando esse caso encerrado. Sinto que de alguma forma continuamos compartilhando valores e atitudes, que espiritualmente não nos traímos, permanecendo fiel um ao outro na preservação da história que dividimos e da amizade que construímos, armazenadas em nossas vidas através do trabalho comunitário e do amor à família e ao próximo. Desde sempre, depois que a vi pela última vez, convivo com a certeza de que Marina jamais conheceu qualquer abalo nessa sintonia que nos une. Esteja onde estiver, Marina estará atenta à nossa história que ainda não encontrou sua encruzilhada final. Por isso ainda aguardo que numa outra encruzilhada da vida, mais uma vez apareça, estenda a mão e me leve novamente para a "Terra do Nunca".

De algumas amizades daquela época jamais tive notícias, mas ainda as carrego carinhosamente dentro de mim. Alguns de meus sonhos realizei por inteiro; outros parcialmente, mas nunca deixei de sonhar!

Casa onde residiu Benedito Aurélio e seus familiares. Nesta casa funcionou a Agência da Real Aerovias.
São José do Rio Preto, meados da década de 50.

Benedito Aurélio e sua prima, Maria da Graça.
Parque Municipal, Belo Horizonte (MG), início dos anos 50.

Benedito Aurélio, aos 10 anos, na companhia de sua mãe, Elza, e de seu avô materno, Capitão Plínio, em frente a casa à Rua Tiradentes, onde funcionou a Estação de Rádio da Real (depois Varig).
São José do Rio Preto, 1958.

Benedito Aurélio com seu cachorro Rusti e o irmão Marco Antonio.
São José do Rio Preto, 1959.

Benedito Aurélio, sua mãe, Elza, seu irmão menor, Marco Antonio, sua irmã, Rosita, e sua cunhada, Neusa, esposa de seu irmão Roberto. Também presente o cachorro Rusti. Avenida dos Estudantes em São José do Rio Preto, 1965.

Benedito Aurélio e sua irmã Rosita, no Salão do Automóvel Clube, em seu Baile de Formatura do ginásio.
São José do Rio Preto, 1965.

Benedito Aurélio e a esposa, sra. Nelci, por ocasião do recebimento da outorga de Comendador da Ordem do Mérito Cívico e Cultural pela Sociedade Brasileira de Heráldica e Medalhística.
Terraço Itália, São Paulo, 1997.

Parte do time de futebol da Turma do Asfaltinho.
Da esquerda para a direita, em pé, Italiano (goleiro), Vilson, Paulão Galinha, Toninho vovô e Ninico; agachados, Nelsão, Coceirinha, Bê e Jorge Turano.
Campo da Cruzadinha, São José do Rio Preto, início dos anos 60.